Foreword

マッキンゼーのエキスパートに学ぶ
変革期、先行き不透明な時代の成長戦略と
強い企業のフレームワークのつくり方、活かし方

変革期、あるいは不況期、先行き不透明な時代は、
強い企業がより強くなるための好機ともいえる。
新たな成長機会を捉える「大きな戦略」を構築する。
M&A戦略で成長機会を取り込む。
マーケティング・インサイトをもって市場の先を読み、
不況脱出時のスタートダッシュに備える。
新興国市場の開拓や環境対応のクリーン・テクノロジーで
新たなビジネスチャンスをいち早く捉える。

不確実性をチャンスにして、強い企業がより強くなるために、
どのような戦略をどう立案、構築し、実行していったらいいのか。

この『Think!』別冊No.3では、マッキンゼーのエキスパートたちが、
企業戦略、M&A、マーケティング、クリーン・テクノロジーなどの
テーマ別に、変革期、先行き不透明な時代ならではの成長戦略、
強い企業のフレームワークのつくり方、活かし方を提示する。

Think! シンク!別冊 No.3

変革期の成長戦略

トップファームに学ぶ
強い企業のフレームワークの
つくり方、活かし方

McKinsey&Company

p.4	新たな成長機会を捉えるために 経営に求められる「大きな戦略」 山梨広一　マッキンゼー・アンド・カンパニー　ディレクター
p.22	マーケティング・インサイト スタートダッシュに備える洞察力 菅原 章　マッキンゼー・アンド・カンパニー　ディレクター
p.36	M&A戦略で成長機会を取り込む 組織的なビジネスディベロップメントスキルが成功の鍵 本田桂子　マッキンゼー・アンド・カンパニー　ディレクター 井上雅史　マッキンゼー・アンド・カンパニー　アソシエイト・プリンシパル
p.46	「成長への改革」へと舵を取る 改革の方向を検証する羅針盤と4つの視点 高貫吉信　マッキンゼー・アンド・カンパニー　プリンシパル
p.66	不況期が生み出す金融ビジネスのブレークスルー 岡﨑 健　マッキンゼー・アンド・カンパニー　プリンシパル
p.78	新興国の成長を取り込む 20年先を見るグローバル化戦略 中原雄司　マッキンゼー・アンド・カンパニー　プリンシパル

p.90   "Innovation at Scale"
イノベーション・パフォーマンスの高め方

エリック・ロス　　マッキンゼー・アンド・カンパニー　プリンシパル（上海支社）
ウルリヒ・ネーアー　マッキンゼー・アンド・カンパニー　ディレクター
野中賢治　　　　　マッキンゼー・アンド・カンパニー　アソシエイト・プリンシパル

p.100   Innovation at Scale — Driving Innovation Performance
by Erik Roth, Ulrich Naeher, and Kenji Nonaka

p.106   日本発クリーン・テクノロジーが
世界をリードする

デビッド・ヘンダーソン　マッキンゼー・アンド・カンパニー　アソシエイト・プリンシパル
フィリップ・ラドケ　　　マッキンゼー・アンド・カンパニー　ディレクター

p.112   Leading the Clean Tech Revolution from Japan
by David Henderson and Philipp Radtke

特別インタビュー

竹内弘高　一橋大学名誉教授　　　　　　　　　　　　　　　p.17

不確実な時代こそ
新しいことをやってみる
好機といえる

永守重信　日本電産 代表取締役社長　　　　　　　　　　　　p.59

不況というチャンスに
人材、技術力を取り込み
成長を加速させる

Books for Think!
「変革期の成長戦略」を実践するための7冊 ──── p.116
Think! バックナンバー・ラインナップのご案内 ──── p.118

EXIT →

新たな成長機会を捉えるために経営に求められる「大きな戦略」

多面的、多重的に難題が積み重なった難局を乗り越え、
成長機会につながる新たな市場を見出すために
日本企業はどのような戦略をとるべきなのか。
全体感と大局観をもって大きな流れを捉え、
より長期的、幅広い視野で現状の延長線上にはない目標を掲げ、
その実現に向けた明確な方向性を示すグランドデザイン。
すなわち「大きな戦略」が求められている。

photo: Hideji Umetani

「大きな戦略」が重要になってきた

戦略の定義と意義の再確認

　日本経済の構造的な課題や内需の弱さに加えて、日本経済と日本企業の国際競争力の相対的な劣化や2008年以降の世界同時不況が重なる今日、「戦略」の意味と意義を捉え直すことが、今後の企業経営の重要な課題となっている。戦略の具体的な中身以前に、どのようなものを企業戦略として位置付け、何を目的として企業戦略を構築・推進するかが各企業の今後の発展を左右する。これから先の環境が経営者に求めるものは、企業経営における戦略の使い方であり、その刷新である。

　さて、「戦略」という言葉から何が連想されるであろうか。「戦略」の意味を簡潔に考えていただきたい。皆さんの答えは千差万別なのではないだろうか。多くの企業でルーチンワークのごとく使用されている戦略という経営ツールの概念は非常に広範囲であり、あやふやであり、また、形骸化も進んでいるようだ。

　ここではいったん、「戦略」を目的達成に向けて選択する方向性とそれに整合する一連の

PROFILE

山梨 広一（やまなし・ひろかず）

マッキンゼー・アンド・カンパニー
ディレクター

1954年東京都生まれ。東京大学経済学部卒業、スタンフォード大学経営大学院修了。富士写真フイルムを経て、90年マッキンゼー・アンド・カンパニー入社。日米欧の小売業、消費財メーカーおよびエレクトロニクスメーカーの戦略構築や組織変革を得意分野とし、金融機関に対するコンサルティングも手がける。消費財・小売業グループのリーダー。

活動や取り組みと定義しておきたい。そのうえで、企業が戦略を構築・実行することを通じて、どのような効用を得ることができるかを再確認してみよう。戦略という経営ツールの使用目的である。

まず、戦略は、各企業や事業が目指す目的を達成するための行動やステップを明確化するものだ。目的が定量的な業績数値目標であろうと、定性的な自社の姿やイメージであろうと、そうした目的を達成するまでの道筋を示す「地図」といえる。この地図を描くことを通じて、企図している活動や施策によって本当に目的地に辿り着けるのかを確認する機会となるし、また、施策や行動の順序などをはっきりさせることも可能となる。

それゆえに、戦略は以下のような効用も生み出す。それは、目指す地点とそこまでの道程を明らかにすることで、関連する組織内にその企業や事業が進む「方向性」を明示し、組織の一体感や一貫性を作り出す「求心力」である。戦略、ビジョンなどと呼ばれるものに共通する効用だ。いってみれば、組織に対する「羅針盤」となり、時として希望の光である北斗七星や南十字星のような存在ともなる。

もう1つの重要な効用は、戦略策定の際に、企業を立ち止まらせ、これから進む方向を根本的に見直す「機会」を与えることだ。戦略は、企業活動の大きな方向転換を生み出す可能性を持っている。方向転換は、事業領域や事業ポートフォリオの変化として表れたり、あるいは、経営資源配分のシフトとなることも一般的だ。

日本企業が直面する難局

現在、多くの日本企業は「難局」というべき状況に直面している。しかも、それは多面的、多重的に難題が積み重なった難局である。こうした状況では、経営課題を乗り越えるた

図表1　日本の消費に関する主要指標

人口	2000年 1.27億人	2030年予測 1.15億人	2000～30年平均成長率予測 ▲0.3%
実質GDP	2000年 503兆円	2007年 561兆円	2009年予測 524兆円	2013年予測 503兆円
高齢者 (65歳以上)比率	2010年 22%	2020年予測 28%	2030年予測 30%
失業率	15～24歳：3.7%(1990年) vs 9.8%(2009年9月) 25～34歳：2.7%(1990年) vs 7.3%(2009年9月)
世帯収入 (世帯平均月額)	1997年 595,214円	2008年 534,235円
実質 民間最終消費	2000～09年 年率0.8%成長	2010～19年予測 年率0.8%成長

資料：IMF、厚生労働省、総務省、内閣府ほか、Global Insight

めの主たるツールである戦略に関しても、これまで得意としてきたアプローチでは通用しないどころか、問題をさらに深くしかねない。代表的なものを列記してみたい。

● 「毎日正しい改善を積み重ねても、衰退にしか辿り着かない」……。

多くの日本企業がこれまで主戦場としてきた地域や事業領域は、自然成長を生まない超成熟市場となっている。例えば、母国市場の消費に関する基本的な指標を見てみよう（図表1）。一方、1980年代以降、日本経済の顔として世界市場を制覇してきた自動車とコンシューマーエレクトロニクス両業界の市場展望も、量的な拡大ポテンシャルは存在するものの、その地域的な配分は様変わりする（図表2）。

このような市場において、従来の事業モデルの上で「日々是改善」を続けても、事業規

図表2　世界の耐久消費財市場の成長と地域構成の推移

自動車新車登録台数
（単位：百万台）

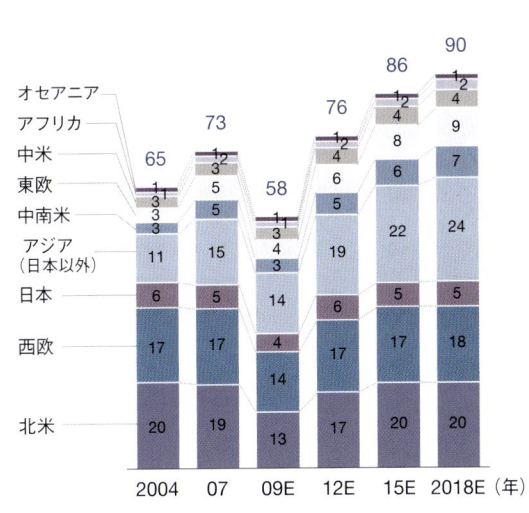

地域	2004	07	09E	12E	15E	2018E
オセアニア	1	1	1	1	1	1
アフリカ	1	2	1	2	2	2
中米	3	3		4	4	4
東欧	1	5		6	6	9
中南米	3		3	5	8	7
アジア（日本以外）	11	15	4	19	22	24
日本	6	5	14	6	5	5
西欧	17	17	4	17	17	18
北米	20	19	14	17	20	20
合計	65	73	58	76	86	90

資料：R.L.Polk Germany

薄型テレビ販売台数
（単位：百万台）

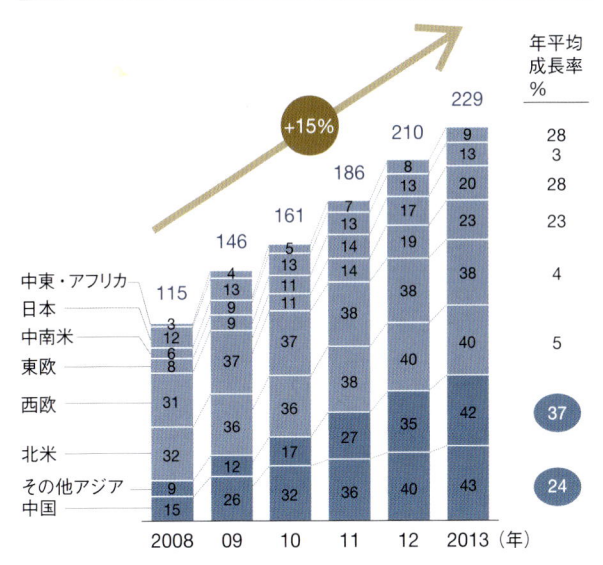

+15%

地域	2008	09	10	11	12	2013	年平均成長率%
中東・アフリカ	3	4	5	7	8	9	28
日本	12	13	13	13	13	13	3
中南米	6	9	11	14	17	20	28
東欧	8	9	11	14	19	23	23
西欧	31	37	37	38	38	38	4
北米	32	36	36	27	35	42	5
その他アジア	9	12	17	36	40	40	37
中国	15	26	32	36	40	43	24
合計	115	146	161	186	210	229	

資料：Display Search

模の多少の増減に一喜一憂しながら、厳しさを増し続ける要求コストと競争の中で、企業としての価値やポテンシャルを奪われていく結果に終わるのではないか。換言すれば、日々の改善の積み重ねでは、市場成熟による壁は打破できないということだ。

● 「リスクを回避するために確実なものを待つことが最大のリスクだ」……。

日本の消費市場という例を使って議論を続けてみよう。消費の底が見えてきたとか、2009年末に予想されていた二番底は回避されたかどうかなどという点は本質ではない。2008年秋以降に加速した消費低迷やデフレ現象の中で現れてきた新たな消費傾向にどう対応すべきかも、日本の消費者向け事業にとって最も重要なことではない。そのような消費傾向は数カ月ごとに変化を続けているからだ

（図表3）。現在生じている傾向のどれが今年の後半まで続き、またどのような新しい現象が生まれてくるかは非常に不透明である。

もっと重要なことは、数年継続するであろう消費低迷が終わった後に、日本の消費者と消費市場がどのような新しいパラダイムを生み出すかだ。しかし、このことがまた、最も不透明、不確実なのである。いわば、消費者向けの事業にとって最も重要な経営環境要素が見えていないのである。

これに加えて、事業の他の重要要素である原材料の供給やコスト、物流や流通の構造変化なども非常に不透明だ。このような経営環境下で、確実なことを見極め、確実なことにのみ注力して、足元の歩みを一歩一歩確実に進めていこうといった経営が機能するか、大きな疑問を感じざるを得ない。各種の構造変化の中で生まれる成長機会を逸するだけでな

special issue No.3 Think! | 7

図表3　同時不況以降の日本の消費トレンド例

2008年第4四半期	■ 高級ブランド品需要の急落、ブランド間の2極化 ■ 時計・貴金属の販売低下 ■ 「しまらー」現象
2009年前半	■ 百貨店化粧品の販売低下 ■ プライベートブランド急進 ■ 海外ファストファッションブランドの進出・成長
2009年後半	■ ユニクロ独り勝ち ■ 3桁価格ジーンズ ■ 新しいビッグヒット商品の継続的登場
2010年	■ デフレ継続、二番底？ ■ 新環境・新技術対応商品需要の伸長？ ■ ブランド選別のさらなる激化？

く、足元に注力するが故に大局観を見失ったり、さらには、不透明な中で最適な判断を下し実行するという経営能力と組織能力を衰退させるリスクを生むのではないだろうか。

●「求められる水準は大幅に上がってしまった」……。

　市場や競争のグローバル化、業界の垣根や業際の消滅、情報コストを筆頭とするあらゆるトランザクションコストの低下などなど、複数の本質的な経営環境変化の相乗効果として、企業が勝ち残るために越えなければならない水準がはるかに高まった。しかも、その高まり方自体が非常に多面的なのである。

　コストやスケールといった定量的なものに関する要求水準の上昇。品質とコスト、標準化と個別対応など、トレードオフが生じる複数の目的の同時達成。素材開発から店舗サービスまで、部品開発からコンテンツ制作までなど、非常に幅広い範囲の機能における差別化。株主価値の向上、従業員に対する独自の価値提供、社会責任の実践など、複数のステークホルダーの異なる要望の同時充足。その多面性を象徴する例を挙げることはたやすい。これからの企業経営の合格ラインは、互いに関連し、時には相互矛盾しかねない多数の学科すべてにおいて、相当な高得点を上げることを求めている。

「大きな戦略」がもたらす効用

　より長期的、幅広い視野で現状の延長線上にはない目標を掲げ、その実現に向けた明確な方向性を示すグランドデザイン……。こうした戦略が、日本企業を取り巻く多重難局の打破には不可欠であろう。

　「戦略」とは、「目標」と「方向性」と「整合する活動や取り組み」であると定義した。もう1つの隠れた重要な要素は、戦略策定・実行の前提となる「境界条件」である。どこまでが可であり、どこから先は戦略やその実行の前提外なのか、いわば、ソリューションスペースの定義だ。

　ここで語っているグランドデザインたる「大きな戦略」とは、目標自体の定義の広がりとレベルの高さ、その実現に向けた方向性のメリハリと集中すべきものへの絞り込み、

戦略遂行の柱となる活動や取り組みの骨太さ、そして、明示されていた、あるいは無意識に存在していた境界条件のオールクリアといったすべての面で、基本戦略を大きく描き直すことを指している（図表4）。

このような「大きな戦略」は、事業推進と組織運営の両面でさまざまな効用を生み出す。まず、より離れた距離から市場や自社を見つめ直すことを通じて、経営環境や市場構造の転換などの大きな流れを捉え、全体観と大局観を提供してくれる。現状の延長に出現する危機や衰退を察知するだけでなく、成長機会につながる可能性を秘めた新たな市場の躍動に気づかせてくれるであろう。

また、目標の高さと方向性のメリハリは、捨てるものを明らかにし、重要な機会や活動に対してクリティカルマスを充足する経営資源の投下を推し進める効果をもたらす。このことは同時に、経営全体の単純化も促進する。多面的な連立方程式を解くような現在の経営戦略においては、"Complexity is the enemy" なのである。

例えば、米国でGAPが礎を築き、日本ではユニクロを展開するファーストリテイリングが確立したSPA（Speciality Store Retailer of Private Label Apparel）の事業モデルでは、自社店舗にファッション性や機能性に優れた自社ブランド商品を安価で販売するという方向性に焦点がシャープに定まっている。

従って、それらを可能にする原材料の調達、生産拠点の確保、商品や業務プロセスの標準化などの面で、大規模で一貫した資源投入や取り組みが実現されてきた。こうした事業モデルにおいては、経営として着目すべき点も絞り込めるので、明快で生産性の高い事業運営が可能となっている。

さらに、明確な方向感と骨太で絞り込まれた主要施策、従来の制約やしがらみに囚われない活動は、組織の求心力を強化するだろう。このことが戦略実行の生産性や柔軟性につながることはいうまでもない。

こうした効用を生み出しながら、「大きな戦

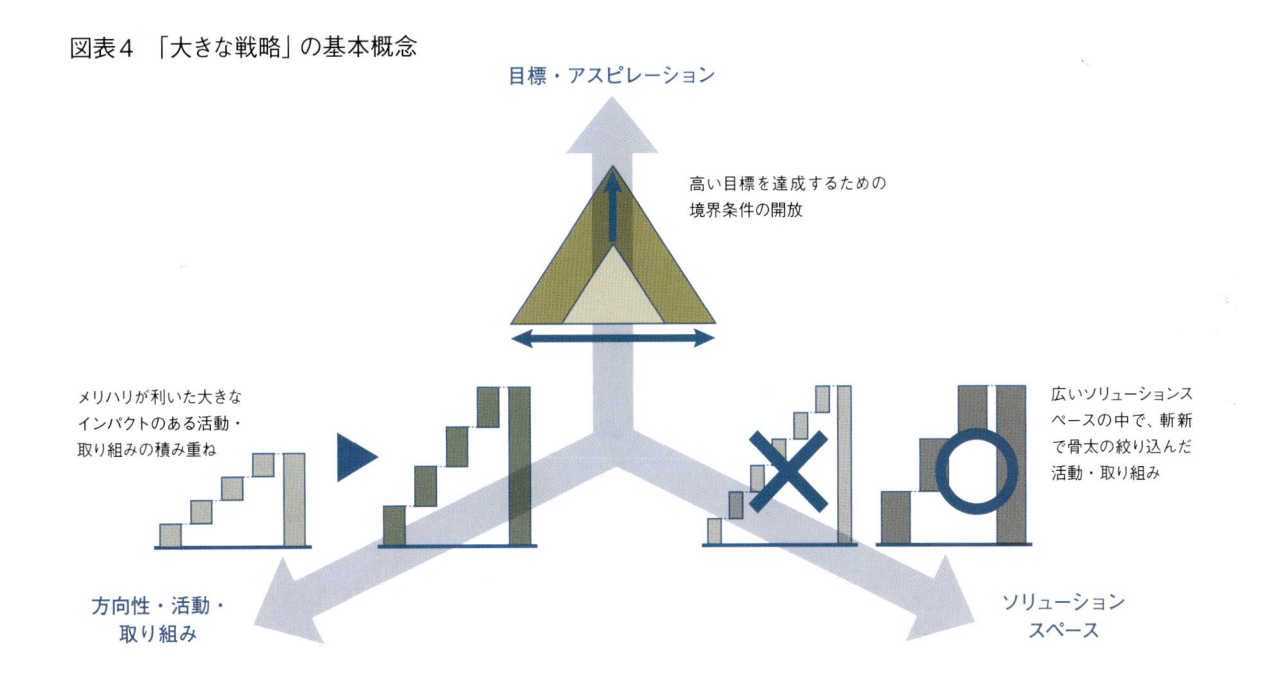

図表4　「大きな戦略」の基本概念

略」は、従来の延長に潜む衰退を回避し、不透明さが残る経営環境下で自らの独自の洞察と意思で方向性をセットし、集中すべき領域に十分な経営資源と高い実行力を投入することで、勝ち残るための水準をクリアできる事業と企業を創出していくと期待される。

「大きな戦略」を描くための前提

まずは、発想を一新する

それでは、企業はどのようにすれば「大きな戦略」を描くことができるのか、そのための方法論を説明していこう。

これまでの中期戦略や経営計画などとは異なる絵を描くのであるから、異なる手法が必要となる。しかし、具体的な手法を取り入れる前に、まず、経営者自身を含めた戦略策定の主役たちが、企業戦略に対する従来の発想をいったん反故にすることが大前提となる。

求められる発想の転換には、前述した境界条件の開放なども含まれる。他に重要なものを挙げてみよう。

・正しい戦略を求めるのではなく、斬新な戦略を目指す。正しいけれど他社と同じものより、正しくないかもしれないが自社独自のものが価値を持つ。

・達成可能性を境界条件とはしない。できることを積み上げるのではなく、実現のための具体策の有無に拘らず、広い視野からの高い目標設定と明確な方向性の絞り込みを徹底する。

・細部にこだわらず、骨太のストーリーに注力する。個々の情報や論理の精度を気にするのではなく、戦略全体の大きな論理展開を磨き上げる。

テクノクラートを封印する

このような発想を基盤に置いたうえで、「大きな戦略」の構築をどのように進めるか、具体的なアプローチが重要となる。その際の重要な鍵が、これまで社内で用いられていた戦略策定の手法や手順、さらに言えば、世の中に溢れている戦略構築のテクニックやそれを熟知するテクノクラートを封印することである。

封印すべきものは、①手順や形式、②論理精度（Rigor）、③具体性の3つへのこだわりである。

まず、手順や形式へのこだわりを封印すべき、とはどういうことか。

優れた戦略策定手法は、その根幹として独自性と有効性を兼ね備えた思想を持っている。しかしながら、その思想だけで幅広い利用者に戦略の作り方を身に付けてもらうことは困難なために、手順やプロセスなり、その各段階でのツールといったわかりやすい形式を提示せざるを得ない。そして、実際にその手法が繰り返し使われるうちに、手順や形式

自体が重みを増してくる。

実際に戦略の策定をリードされた経験のある読者はおわかりと思うが、具体的な手順やツールをきちんと踏まえようとすると、発想を広げることは難しくなる。その手法を理解して策定プロセスをリードする立場の人材ですらそうなのだから、戦略策定に参画する他のメンバーにはさらに難度は高い。発想の広がりどころか、手法や手順を理解するだけで大半の時間と労力を使い果たしてしまいかねない……。

従来の延長にある戦略であれば、継続性と精度が重要となるから、こうしたアプローチでも効果的であろう。しかし、いま求められている斬新な発想や思い切った頭の切り替えには、詳細な手順や形式は制約要因となってしまう。

手順や形式の次に封じ込めたいものは、分析的・論理的な精度、英語ではRigorと呼ばれるものへのこだわりである。論理や情報分析の結果を無視した戦略を作ろうと申し上げているのではない。前述したように、大きなストーリーとしての論理展開は非常に重要だ。その一方で、近年一世を風靡したバリューマネジメントやKPIなどの経営手法に組み込まれているような定量分析や論理展開の細部に求められるRigorは、「大きな戦略」とは馴染まない。

誤解を恐れずに断言すると、戦略自体を考えている段階から細部の論理を詰め切れるほど、多くの日本企業に求められている「大きな戦略」は簡単な問題ではない。

封印すべき3つ目のものは具体性へのこだわりだ。戦略策定においては、より具体的に考えることを非常に重要である。さもないと、いつの時代のどんな企業にも当てはまる抽象的な戦略となったり、実現の道筋が見えない夢に終わってしまう。

しかしながら、戦略を検討する過程で具体化を図ると、WhatではなくHowを考える傾向が生まれがちだ。可能性ではなく、阻害要因やできない理由が浮かびがちにもなる。具体性を追求することで、結果として難度の高い目標や方向性を回避することになりかねない。

手順や形式、Rigor、具体性へのこだわりを封印するというと、論理的な戦略策定の基本を否定することになりかねない。それでも敢えて、いま求められている「大きな戦略」のためには、いったんこれらを封じ込める必要がある。

「大きな戦略」を 策定する具体的な手法

①アスピレーションを明文化する

「大きな戦略」を構築する第一歩は、自社が目指すもの、アスピレーションの明文化だ。企業戦略の場合は、企業としてのアスピレーションであり、特定の事業や機能の「大きな戦略」を描く際には、その事業なり機能のアスピレーションを指す。以下、具体的な手法の説明は、企業戦略の場合を例として示す。

これらのアスピレーションは、個人の頭の中の概念に留めておいたり、オープンエンドの討議で終わらせることなく、実際に文字に書き落として、その文案を繰り返し討議、推敲し、自分自身が納得する分かりやすい言葉として表現しておく必要がある。

ここでいうアスピレーションは、企業理念などとは異なるもので、一定の期間を想定した中で目指す目標や着地点である。抽象度が高すぎても戦略策定の起点とはなりにくいし、一方で、あまり具体的な目標を意識すると現状の延長に陥りがちである。

どのような場合にも適切なアスピレーションの要件を定義することは難しいが、今回の

目的である「大きな戦略」の起点たるアスピレーションは、次の点を押さえてあることが望ましい。

・想定する時間軸は、5年間から10年間。
・自社がこだわる基本軸を含む。基本軸は、事業領域、競争力や差別化の源泉（例えば、特定の要素技術や組織能力）、顧客に対する提供価値などが考えられる。多くの要素を書き連ねるのではなく、最も拘るものを1つか2つ明示したい。前述したファーストリテイリングの場合には、かなり以前から、グローバルとか高生産性といった基本軸が通っていたのではないだろうか。また、富士写真フイルムは、医療システム・ライフサイエンス、フラットパネルディスプレー材料などの高機能材料、光学デバイス、ドキュメント、グラフィックシステムを中長期的な重点5分野と明確に位置づけて事業構造の転換を成功させてきた。
・実現したいレベル、到達したいレベルなどを定量的に示す。単に事業規模、利益や時価総額などの規模感でもよいし、関連業界におけるポジション（グローバルトップ10とか、各業界シェア3位以内など）、自社の事業構成や商品構成など（例えば、海外生産比率50％とか、新製品売上げ構成比率30％）を示すことも考えられる。
・そして、論理的に正しい、経済的に正しいという側面に加えて、自分たちが執着できるもの、ワクワクできるもの、感情的なコミットメントを持てるものとしたい。この面では、創業経営者やそれに準じるトップを擁する企業は強い。マイクロソフト、グーグル、ヴァージングループ、楽天、ファーストリテイリングなど、枚挙に暇がない。

②ハイビームアプローチ

次のステップは、目線を高め、視野を広げることだ。選択した時間軸に沿って、例えば5年後、10年後の経営環境や市場環境などがどのようになっているかを、自動車のハイビーム・ライトで遠方を照らすように捉えてみる。

この際に重要なことは、5年後、10年後の像を描くために、多面的な光を当てることである。ここでいう光とは、情報や見識のインプットだ。自社の既存事業の戦略を構築したり、その評価を行う場合よりはるかに多面的なインプットを集めるべきである。

これも普遍的な処方箋は存在しないが、現実的で有効なインプットの例としては以下のものが挙げられよう。

・市場全体の規模感：思い切って広めに関連市場を捉えること、自社事業のポジションにかかわらずバリューチェーン全体を定量化すること、売上げだけでなく付加価値や収益でも捉えてみること。
・公的機関、調査会社、シンクタンクなどを捉えているメガトレンド：例えばマッキンゼーは、2007年に10のメガトレンドに関

図表5　マッキンゼーによる「10のメガトレンド」

1	経済の中心のシフト
2	パブリックセクターへの負担増大
3	新しい消費者の出現
4	新技術時代のライフスタイル
5	タレント（人材）の大きな潮流
6	企業の社会責任コストの増大
7	環境問題への関心・プレッシャーの高まり
8	産業構造・資本構造の転換
9	新しいマネジメントテクノロジーの発達
10	知的資産マネジメントの革新

するレポートをまとめている(図表5)。
・関連する各分野の見識者のインタビュー：戦略検討の場に、一部の見識者を招くことも効果的。
・マクロファクターの包括的な分析：デモグラフィックス、経済規模、天然資源などなど、事業によって重要なファクターは異なるが、これらを包括的に分析することで、その後の検討・討議の重要な基盤となることが多い。

次に大事なことは、これらのインプットから安易な意味合いを求めようとしないことだ。特に、既存の個別事業にどのような機会や脅威をもたらすのかとか、現在自社が直面している経営課題の解決にどう役立つかとか、今すぐに自社がやるべきことやできることを抽出しようとか……。こうした発想は、たちまち自らをロービーム・ライトの世界に閉じ込めてしまう。喫緊の課題も気になるであろうが、ここはぐっと我慢してハイビーム・ライトで照らし出される将来像に集中するのが望ましい。

③儲かる市場や事業モデルに関する洞察

ハイビーム・ライトで浮かび上がった将来の経営環境や市場環境から導くべきものは、成長する市場や魅力的な市場と、それらの市場で勝者となる事業モデルや儲かる事業モデルに対する独自の洞察である。

従来、戦略構築において市場・競合・自社の3つの要素をバランス良く捉えるべきだと言われてきたが、ここでは自社と競合をいったん横に置いて考える。抽出すべき洞察は、自社や競合に関するものではなく、あくまで市場がどうなるか、そこで勝ち残る事業モデルがどのようなものになるのかについてである。

このステップは、優れた「大きな戦略」を生めるか否かの最大のポイントであり、各企業とその経営者の洞察力が試される。どのように考えれば優れた洞察に辿り着けるという秘訣はない。考え抜くこと、繰り返し考えを深めること、議論しながら深めていくこと……。これらを励行するしかない。ここではそうした際の工夫をいくつか挙げておこう。

・自社や自分の事業、あるいは想定しうる競争相手を主語にした検討や議論を避ける。検討や議論の主語は、あくまでも成長する市場であり、儲かる事業モデルとする。
・成長する市場や魅力的な市場セグメントを洞察するうえでは、ハイビームで照らされた将来像に向けて変化が大きい部分に着目する。規模の変化、収益性の変化、競争環境の変化、成功要件の変化などである。そして、その変化によって、価値が増すものを探す。特定の要素技術か、組織能力か、情報か、天然資源や経営資源などへのアクセスか……。
・価値が増すものを考えることは、儲かる事業モデルに対する洞察にも貢献する。それを起点として事業全体が収益を生み出すダイナミズムを考えるわけだ。この他にも、収益＝売上げ－コストという式に沿って、売上げが恒常的に拡大される仕組み、コストが継続的に低減するシステム、常にコストを大きく上回る価格を確保するメカニズムなどを考えていくというアプローチもある。また、世の中に存在する儲かる仕組みの体系を活用して考えるのも1つの方法だ(図表6)。

④明快な道程を選択する

成長する市場、儲かる事業モデルが見えてきたら、自社がそれに到達する道筋を描く段階となる。このステップは、自社の現在の資産や能力を前提とすればHowを見出す解答探しとなるし、これらの制約を外して考えられるすべての道筋を想定すれば、その中でどれを選ぶかという選択になる。「大きな戦略」に

図表6　差別化された収益性を生み出す仕組みの広がり

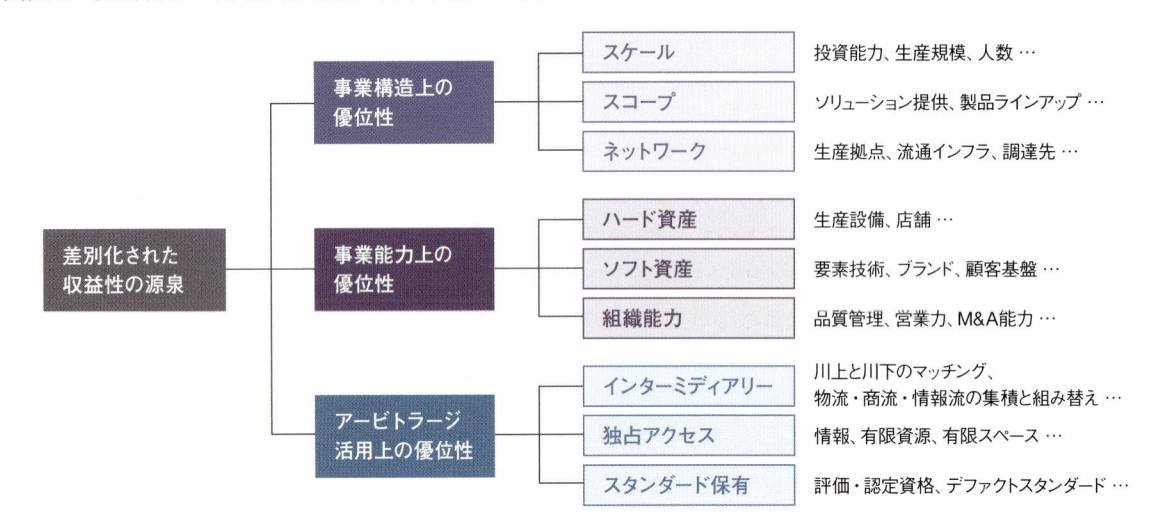

```
                              ┌─ スケール        投資能力、生産規模、人数…
            事業構造上の      ├─ スコープ        ソリューション提供、製品ラインアップ…
            優位性            └─ ネットワーク    生産拠点、流通インフラ、調達先…

差別化された                  ┌─ ハード資産      生産設備、店舗…
収益性の源泉 ─ 事業能力上の   ├─ ソフト資産      要素技術、ブランド、顧客基盤…
              優位性          └─ 組織能力        品質管理、営業力、M&A能力…

                              ┌─ インターミディアリー  川上と川下のマッチング、
            アービトラージ                           物流・商流・情報流の集積と組み替え…
            活用上の優位性    ├─ 独占アクセス    情報、有限資源、有限スペース…
                              └─ スタンダード保有 評価・認定資格、デファクトスタンダード…
```

つながるのは後者の考え方だ。

①から③までで描いたアスピレーションが高く、視点がハイビームで、洞察が自社を超えたものであれば、そこに自社が到達する道程は容易なものではないはずだ。現在の自社には足りないものだらけかもしれない。

しかし、ここであきらめる必要はない。時間軸は5〜10年と長いし、制約要因も開放してあるのだから、複数の道筋が存在するはずだ。自社に実現可能かどうかに囚われることなく、複数のオプションを抽出してみよう。オプションは、事業領域や市場の優先順位などのWhatと、例えば、自社の技術開発か提携かM&Aか、などというHowの組み合わせになろう。

ここで重要なことは、どのオプションも5〜10年間で3つか4つ程度の骨太の取り組みの集合とすることだ。細かい施策や取り組みを数多く組み合わせるものでは、明快な道筋が見えてこない。

例えば、キリンホールディングスは、2006年に発表した「キリン・グループ・ビジョン2015」において、2015年までに売上げ3兆円（酒税込み）、営業利益率10％以上という高い定量目標を達成するための3つのキーレバーを明示している。(1)総合飲料グループ戦略の展開、(2)国際化の推進、(3)「食と健康」の領域で、酒類・飲料・健康のそれぞれの自主独立成長と第4の柱の構築、である。

事業規模、収益額、時価総額などの定量目標を設定した場合には、非常に大雑把であっても、骨太の取り組み1つ1つでどの程度ギャップを埋めていくのかを一緒に考える。3つか4つの大きな取り組みで、現在の2〜3倍の定量目標を達成するくらい大胆な道筋と骨太な取り組みを描いていきたい。また、時間軸は5〜10年間と長いのだから、これらの取り組みをどの順に進めていくべきかを考え抜く必要もある。それぞれが実現されるまでのリードタイムはどうか、長期的な取り組みの勢いを付けるための先兵はどれがよいか、先に取り組むことで他の取り組みに必要な資源や能力の確保に貢献できるものはないかなど、多面的な視点から取り組みのロードマップを決めていく。

可能性がある道筋が複数のオプションとして創出された場合には、数を絞り込んだ選択基準を予め定めたうえで、経営陣での討議を

経て、1つのオプション、道程を選択していく。

⑤一筆書きストーリーにする

simple.

　最後に、ここまで考えてきた「大きな戦略」を振り返り、一連のストーリーとして書き落としてみる。この工程は、会議資料やコミュニケーションのためのまとめではなく、全体の論理展開、方向性やメリハリの明確さ、現状からの飛躍の大胆さ、そして戦略策定をリードする者自身の納得感や思い入れの強さを確認するものだ。

　ストーリーとは、例えば、「どのような骨太な取り組みを通じてどういった事業モデルを構築し、どの成長機会を捉えてどんなアスピレーションを達成するのか」といったものだ。これを簡潔かつ明瞭に1つの文で表してみる。

　このストーリーもアスピレーションと同様に明文化する。そして、それを経営メンバー間で読み合わせ、漏れや違和感などがないか、大胆かつ明確か、経営陣としてコミットできるものかなどを確認し、必要があれば修正を加えて完成度を高めていく。

　もちろん、この段階で磨き込んだストーリーには、戦略を展開する段階でコミュニケーション効率を高め、強い求心力や明確な判断基準を生み出す効果も期待される。

　こうして作り込んだストーリー自体が、目指す「大きな戦略」そのものとも言えよう。逆に言えば、日本企業が新たな成長ステージへと飛躍するためには、簡潔で明瞭な一筆書きストーリーで明示できるような骨太な「大きな戦略」が不可欠だということになろう。

「大きな戦略」を リードする経営

経営者による経営者のための戦略

　日本企業が「大きな戦略」を構築するうえで、上述した発想（What）や手法（How）よりも重要なものは、戦略策定の担い手（Who）かもしれない。

　「大きな戦略」は、経営者自身が直接その工程をリードし、考え、筆を執るべきものだ。経営者自身が、自分が目指す到着地点とそれに辿り着く道程を明らかにするのが「大きな戦略」だ。言ってみれば、経営者による経営者のための戦略である。従来の戦略や経営計画の策定手法・プロセスを否定するだけでなく、こうしたプロセスの牽引役であった経営スタッフへの依存を止め、経営陣が直接プロセスと中身の双方をリードする役割を担うのである。

　戦略や経営計画の策定に慣れ、社内の多様な情報やネットワークに明るい経営スタッフは、確かに便利で頼りがいのある存在だ。しかしながら、彼らが有するそうした資産が、逆に大胆で不連続性を求められる「大きな戦略」の構築を阻害しがちでもある。また、スタッフはどんなに優秀であっても経営者と同じ肩幅を持つことができない。戦略策定の主役の肩幅は、戦略の発想や自由度の広がりを規定してしまう。こうした面からも経営スタッフへの依存は、「大きな戦略」とは相容れない。

戦略的対話を生み出す

　次に大事なことは、経営メンバー間での討議だ。ここでいう討議とは、経営トップからの一方的な訓示、指示、伝達ではなく、また、個々の経営メンバーが自らの担当分野に関して経営トップへ具申・報告し、その意思決定や指示を仰ぐといったものではない。経営メンバー全員での「対話」であり、「共同問題解決」であり、「共同意思決定」である。

　もちろん、複数のメンバーの考えや判断が常に同じとなることはないから、最後は経営トップの意思決定が重要となるが、それに至

る過程でどれだけオープンかつ多面的な対話・討議を行えるか、全員参加の討議によって難題の解を探し出せるかが、戦略の質と実行能力を大きく左右する。

この経営メンバー間でのオープンな対話や全員参加での共同問題解決は、実際にはたやすいことではない。これを実践できている企業は非常に少ないかもしれない。企業経営を取り巻く多重の難局を打破して新しい成長ステージに進むためには、このチャレンジにも挑戦していただきたい。

1人の経営トップ自身が、前述のアスピレーションから一筆書きストーリーまでの工程を自身の頭の中で推し進め、その結果を他の経営メンバーも含めた社内に広く伝達・指示していくというスタイルもありえよう。そうしたスタイルでも、難局を打破する戦略を創出し、その実行に向けて組織全体を牽引できると自負する経営トップもいらっしゃるだろう。敢えてそれは間違いであると否定するつもりはない。

しかしながら、多くの企業が直面する難局の深さや複雑さを考えると、天才的な経営者であっても、たった1人で考えるべきすべてのシナリオ、オプション、アイデアを考えつくことが可能なのであろうか。難局や停滞に直面して久しい企業組織が新たな方向やパラダイムに沿って動き出す際の腰の重さや、低下してしまった組織の行動スピードや生産性を大幅に向上させることの困難さを思うと、強力なワンマンリーダーであっても1人でこれを実現できるのであろうか。

揺るぎない実績とそれに基づく自信は重要なことであるが、過信には陥らないでいただきたい。

経営スタッフの役割

最後に「大きな戦略」の構築における経営スタッフの役割に言及してみたい。一言で言えば、それは、上述した戦略策定を経営者が直接リードし実践することをひたすら支援することだ。非常に優秀な経営スタッフメンバーを擁し、これまで戦略や経営計画の策定を実際には彼らがリードしてきた企業は少なくないだろう。そうした企業においても、ここで論じている「大きな戦略」の策定と実行においては、経営スタッフの皆さんには黒子に徹していただきたい。

もっと言えば、経営メンバーのリーダーシップ、要請、および意思決定に忠実に従って、経営メンバーを支援していただきたい。落としどころの心配、先回りした手配、スタッフ間での先行した根回しなどは一切不要、いや、ご法度だ。

経営スタッフの具体的な役割としては、次の3つが重要となる。

・経営メンバーの要請に沿って多面的なインプットを手配する。
・経営メンバーによる討議や意思決定の結果を忠実に（自分たちの判断や調整を一切加えずに）記録し、目に見えるようにしておく。
・細部の検討や取り組みの実行において生じる部門間の衝突や現場での困難や混乱を、リアルタイムで経営層での討議・問題解決に持ち上げる。

さて、皆さんご自身は、あるいは、皆さんが所属する組織のリーダーは、自分の企業、事業または機能に関する「大きな戦略」を描くことができるだろうか。非常に高いアスピレーションを設定し、広い視野から市場と事業モデルに関する独自の洞察を築き、大胆でメリハリの効いた方向性と骨太な取り組みを選択する意思と能力を有しているだろうか。自分自身がこうしたステップをリードし、オープンな対話や共同問題解決を直接牽引するリーダーシップを発揮できるだろうか。

Interview

一橋大学名誉教授
Takeuchi Hirotaka
竹内 弘高

インタビュアー
本田桂子&編集部

▶ 特別インタビュー

不確実な時代こそ新しいことをやってみる好機といえる

text : Kiyoko Nagayama / photo : Hideji Umetani

　日本企業の活路はどこにあるのか。新しいイノベーションを起こして、グローバル市場を切り開いていくために企業と経営者は何をすべきか。

システム+コンテンツの新しいイノベーション

　不況を乗り切り、外部環境の変化に対応して、グローバル市場で勝ち残るために日本企業はどうすればいいのか。

　これまでの日本企業における国際化とは、「海外で通用するような、いいものを作って輸出する」ことでした。したがってその商品をいかにイノベーションするかということについては、盛んに語られてきました。しかし、ここにきて単なるモノの国際化だけでは済まなくなってきた。つまりモノのイノベーションではなく、ビジネスモデルのイノベーション、あるいはシステムのイノベーションという「新しいイノベーション」が重要になってきているということです。

　たとえば、ユニクロを展開するファーストリテイリングという企業は、サプライチェーンを含め、システムを確立できたから、低価格高品質のアパレルメーカーとして成功を収めた。ハンバーガーのマクドナルドも、実はハンバーガーというモノが受けたのではありません。あれもマクドナルドのシステムがあるからこそ、世界中に広がっている。

　独自性のある戦略によって競争優位を築いている企業に与えられる「ポーター賞」を2009年にユニクロと同時に受賞したポイントも

special issue No.3 Think! | 17

20代の女性向けのアパレル、SPAブランドで新しいシステムを構築していることで急成長しています。売上高は2005年2月期に377億円だったのが5年後の2010年2月期には970億円（会社予想）を見込み、昨年秋の上海出店など、すでに海外展開も始めています。

同じく2009年のポーター賞を受賞したパーク・コーポレーションの「青山フラワーマーケット」事業も生花店の既成概念を離れ、「プライベート＆デイリー」な日常の花を個人客にフォーカスして売るという新しいシステムを構築しています。

今後は、モノとシステムにさらにデザインなどのコンテンツがプラスされないと、新しいイノベーションは生まれないでしょう。

ユニクロのヒートテックは「下着」に「高機能保温」というコンテンツをプラスしたものですし、大ヒットした任天堂のゲーム機「Wii」も、コンテンツの魅力で売れています。「モノ＋システム＋コンテンツ」が三位一体となって、新しいイノベーションが生まれる。25年前、30年前の国際化とはそこが違います。

社会のしくみを革新する大きなイノベーションが必要

ここまでは一企業としてのイノベーションの課題ですが、もうひとまわり大きく考えると、これからは社会のしくみ自体を革新しなければならない。環境問題、都市問題、高齢化問題などを解決するには、相当大きなイノベーションが必要になります。

いまの企業は株主や従業員などステークホルダーのことを考えていますが、これからはエコシステムの一員としてものごとを考える必要が出てくる。たとえばスマートグリッド（次世代送電網）をどうやって使うかという問題があります。日本がおかしいのは、スマートグリッドの開発に一番反対しているのが電力会社だということです。それは、個の論理では正しいことかもしれません。しかし社会全体のことを長期的に考えれば、いまそこに投資しないでどこに投資するのか。これでは国際社会では競争劣位になってしまうでしょう。

そう考えると、官民学が一体となって、大きなイノベーションをしなければいけない時代になっていることは間違いありません。

いま欧米では、「この苦しい時代を官民協働で乗り切ろう」という動きがあります。ところが日本では官・民ともに遠慮しているのか、なかなか進まない。実は官民協働は70〜80年代の日本の得意技でした。本当は官民協働スキルがどこかに埋め込まれているはずなのに、変革に前のめりになれないのは、この国全体が、リスクをとって挑戦することを忘れているからではないでしょうか。

その意味では、ゆとり教育を推進した文科省の責任は大きいと思っています。私たちは教育の現場にいてその実態を知っていますが、円周率は3だと教わった人たちと、二桁の九九を暗記させられたイン

竹内弘高 たけうち・ひろたか

PROFILE
1946年東京都生まれ。69年国際基督教大学社会科学科卒業。広告代理店に勤務。71年米カリフォルニア大学バークレー校経営大学院でMBA、77年同大学院で博士号を取得。76〜83年までハーバード大学経営大学院助教授。83年より一橋大学商学部准教授、87年より同教授。98年より一橋大学大学院国際企業戦略研究科研究科長。2010年7月ハーバード大学経営大学院教授に就任予定。著書に『日本の競争戦略』（共著、ダイヤモンド社）、『知識創造企業』（共著、東洋経済新報社）、『ベスト・プラクティス革命』（ダイヤモンド社）などがある。

Interview
Takeuchi Hirotaka

ドの人たちとでは、天と地ほど差が開いてしまった。日本は自然資源がない国です。「人」しか資源がない。しかもいまは大学全入時代で、みんな勉強しなくても大学に入れてしまう。ということは、企業が徹底的に人材を鍛え直す必要があるということです。

海外市場開拓にしか日本企業の活路はない

私は2008年末にトルコに行ってきました。トルコでは全人口約7300万人のうち、35歳以下が60％を占め、0歳～14歳が30％近くを占めるという。なるほど、そこらへんに若者や子どもがうようよいます。ということは単純に、「やっぱりこの国は成長するだろうな」と思います。

人口増加は経済成長の大きなファクターですから、これから人口が減少する日本では、国内マーケットの成長は期待できません。そして、人口が増えていないところでは成長は望めない。もっとも高齢化のセグメントでは何か起きるかもしれません。そのセグメントにおいては、日本が一番の先進国になったわけですから。

そうやって考えてみると、ポテンシャルは海外にしかありません。日本はすでに市場が飽和していると思わなければいけない。

日本国内だけにいて、日本のメディアにしか接していないとなかなか実感できませんが、いま日本は世界的にみて、もはやトップクラスにいるとはいえません。一番わかりやすいのは空港です。韓国の仁川国際空港を見れば、日本が負けたことは一目瞭然です。官僚はみんな仁川空港を見にいくべきです。成田は国内の政治的な問題を引きずってしまったために、24時間化が遅れたし、都心から60～70キロ離れたところに空港がある。当然、羽田をハブ空港として活用すべきなのはわかっていますが、国内の課題が未解決であるため、思いきったアクションをとれずにいます。

国内市場はこの先伸び悩むとわかっているはずのキリンとサントリーの経営統合の話も決裂してしまいました。株式の比率の問題くらいで交渉が決裂してしまうのは、戦略性がないとしか思えない。もはや海外市場の開拓にしか、日本企業の活路はないということを改めて認識するべきでしょう。

したがって、新興国で開発した製品を先進国で展開する「リバースイノベーション」は、理にかなっています。いままでは、欧米で開発したものを、少しスケールダウンして新興国で売り出していました。リバースイノベーションはその逆です。まずインド、中国で安価な製品を開発し、それをアメリカやヨーロッパで売る。そうすることによって、たとえば価格がこれまでの四分の一の医療機器などができたら、たいへん大きな市場になる可能性が高い。

わかりやすい例でいえば、インドのタタ自動車は2008年に10万ルピー、当時の為替レートで約28万円の車を開発しました。それはタタ財閥のラタン・タタ会長自身が、ムンバイの街角で雨の日にずぶぬれでスクーターに乗っている4人家族を見たことがきっかけだったといわれています。1台のスクーターに無理やり4人が乗り、車が猛スピードで行き交うなかを走っている姿を見て、「あの家族が安全に、雨にぬれずに移動できる車が必要だ」と思った。ということはつまり「屋根のあるスクーター」のような車で十分です。しかし余分な機能をそぎ落とした車をつくるには、いままでの車の常識を根底から覆して、サプライチェーンなども全部変える必要があった。それでも最終的には「ナノ」という、エアコンもカーステレオもない車ができたわけです。

あれもこれもと機能を付け足してオーバースペックになりがちだったこれまでの日本製品のあり方とは、発想が大きく異なっています。

世界中を見渡せば、BOP（ボトム・オブ・ピラミッド）といわれる低所得層に属する若い人が圧倒的に多いのだから、そこをターゲットにしたイノベーションを考えれば、山のようにアイデアが出てくる。日本にいれば、目につくのは機能過多の製品ばかりなので、そういう発想は出てきません。やはり現地に行ってみると、そういうニーズを肌身に感じることができる。現場を見ればそこに宝の山があるはずです。

挑戦をしている企業に若い人は魅力を感じる

ところが日本では困ったことに、その現地を見に行くべき若者が海

外に行きたがらなくなったという、嘆かわしい現象が起きています。日本にいても海外の情報は入ってくるし、外国は危険だし、不便だから行きたくないというわけです。これは衰退以外の何ものでもない。若者に限らず、いま日本全体が、後ろ向きの守りの態勢になっています。このような中では、新しいものは生まれてきません。

そこで私がよくいうのは「ゴルファーの石川遼を見てみろ」ということです。あんなに無謀に近いほど攻めまくるゴルファーはいない。でも試合が終わってみたら、ランキング1位です。彼を見ていると「やはりいまの時代はアタッカーが勝つ時代なのではないか」という気がします。

ユニクロが掲げる今年のテーマは、「民族大移動」だという。つまり年内に数百人を海外勤務にし、海外の従業員も日本勤務にするというわけです。ユニクロはまだ規模からするとH&MやZARAやGAPの3分の1から半分くらいかもしれないけれど、「国内でこれだけの業績をあげたわれわれが、海外で展開したらもっとすごいことができる。だから海外に行くぜ」といってみんなを奮い立たせている。いまが千載一遇のチャンスだと、会長兼社長の柳井正さんはとらえているのです。

ファーストリテイリングの売上高は、いま年間約8000億円です。それを柳井さんは、2020年には5兆円にするといっている。ということは、そのほとんどは海外での売上になるということです。つい先日、彼は「社員は全員TOEIC700点以上をとれ」といった。なぜなら、これから雇う人の多くが外国人ということになりますし、海外で働くかもしれない。そうするとどうしても英語は避けて通れません。

先日、ユニクロが台湾で店をオープンするため人を募集したところ、なんと700人の応募があったそうです。つまり、アタックしている会社に魅力を感じる若い人たちもいるということです。「もしかしたらここで3、4年がんばったら幹部候補生になれるかもしれない」と思える会社は、若い人たちを惹きつけることは間違いありません。

日本の企業経営者が実行すべき3つの課題

このような状況で、今後、日本の企業および経営者が何をしなければならないか。優先順位が高いと私が考えている3つのことを挙げましょう。

海外で通用する人材の育成

第一に人材を徹底的に鍛え直すことです。私たちはずっと、〈We are small nation, no natural resources, only we have people.（日本は小さな国家であり、自然資源はない。人だけが唯一の資源である）〉とずっといってきたはずです。日本人はもともと優秀なのですから、厳しく鍛えればグローバルに通用する人材を育てられるに違いない。

ユニクロの柳井さんは、自著の中で、「経営者を育てるのは難しい」と書いています。自社の一番の問題点を自分でちゃんとわかっている。

一度は玉塚元一さんに社長を任せたけれど、彼の「安定成長志向」に満足できずに、3年後に自分が社長に復帰。次に、外部から「できあがった人」を何人も採用したが、ほとんどの人が退社してしまった。ふと気づいてみたらもう自分は60歳。65歳でリタイアしようと思う。そこで後継者をどうしようということになります。

「後継者育成には何度も失敗してしまったし、自分でやってもだめだな」ということで、ユニクロはわれわれ一橋大学国際企業戦略研究科に人材育成を依頼してきました。そこで創設されたのが、「FRMIC」です。「FR」は「ファーストリテイリング」、「MIC」は「マネジメント・アンド・イノベーションセンター」の略。

柳井さんの要望は、「グローバルに通用する経営者を200人育てたい」ということです。内訳は、日本人が100人、外国人が100人。そして100人は社内、100人は外の人がいい。さらに柳井さんのすごいのは、「凡才を育てます。天才を発見し、彼らの強みを生かします」というところです。凡人は分析麻痺症候群に陥らずパッとひらめいたらすぐ足が動くということでしょう。

FRMICの開講予定地は、六本木の東京ミッドタウンという都心の超一等地です。しかもなんと350坪というスペースを使って研修室の他にサロンやライブラリーもつくる。あの質素な社風からはイメージできないでしょう。それだけ人材育成にかける意気込みが強い

ということです。

開校は2010年4月1日を予定しています。学長は柳井さんで、私はここの副学長になりますが、CIO、つまりチーフ・インテリア・オフィサーとしてインテリアも一任されています。スタイリッシュな知的空間にするつもりです。

新しい産業を興す気概をもつ

日本企業、経営者がすべきことの2つめは、「新しい産業を興す気概をもつ」ということです。

これだけ世の中が抜本的に変わってしまうと、もはやオールドルールは当てはまりません。ではニュールールとは何かというと、アップルのスティーブ・ジョブズがやったことだと思います。彼がなぜ『フォーチュン』誌で「過去10年間で最高のCEO」に選ばれたのかというと、いくつか新しい産業をつくったからです。シェアはそれほど大きくないけれど、PCをはじめとして、iPodやiTunesで音楽・映画産業を一新したし、iPhoneで電話の産業を刷新した。重要なのはここです。かつて日本が強かったのは、産業をつくっていたからです。ホンダの本田宗一郎しかり、ソニーの井深大しかり、かつての日本の経営者たちは、その気概をもっていました。前述した、「モノ＋システム＋コンテンツ」の3つで、新しいインダストリーをつくるという気概のようなものを、いまの経営者たちにももってもらいたい。新しい産業といっても、何もすべてを壊してゼロから立ち上げなくてもいい。再検討でいい。ユニクロを見てください。アパレルという、旧態依然とした産業を再定義して、新しい産業をつくった。そこに勝機があります。

捨てるべきものを捨てる

3つめは、「捨てるべきものは思い切って捨てる」ということです。過去の成功体験を捨てるのももちろんですが、採算の合わない事業、将来性のない事業を思い切って捨てることも必要でしょう。

実はいまは企業を生まれ変わらせる、何十年に一度の絶好のチャンスでもあります。こういう時代だからこそ、思い切ったリストラ策も、企業そのものが生き残り、あるいは再生するためなら「仕方がない」と許してもらえるところがあります。平時では難しい大胆な戦略の見直しをする。これが経営者に求められるリーダーシップだと思います。

先行きが不透明で、なにごとも不確実な時代だからこそ、いろいろな実験をしてみるべきだと思います。実験には失敗がつきものですが、思い切って新しいことをどんどんやってみる好機といえるのではないでしょうか。

ナレッジ・マネジメントを世界に伝えたい

私は今年7月にハーバード大学経営大学院の教授に就任する予定です。もうそれほど若くはないのにあえてフルタイムの教授職に就くのは、日本発のナレッジ・マネジメントの考え方を世界に伝えていきたいという思いがあるからです。ハーバードのビジネススクールの中で、ビジネスの実践に役立つコースを立ち上げ、「知識学派」をナレッジ・マネジメントの生みの親である野中（郁次郎）さんのために旗揚げしたい。

ファーストリテイリングの柳井さんもそうですが、たとえばこれまでにポーター賞を受賞しているような日本企業の経営者を招きたいと考えています。世界中から集まってくる優秀な学生たちに日本企業の「知識創造経営」を教えていこうというわけです。

PROFILE

菅原 章 （すがはら・あきら）

マッキンゼー・アンド・カンパニー
ディレクター

京都大学工学部卒業。同大学院修士課程修了。1992年マッキンゼー・アンド・カンパニー入社。製薬業界および消費財・小売り分野を中心に、事業戦略構築、マーケティング戦略立案、組織設計、営業プログラム実施支援および企業合併後のマネジメントなどに関するコンサルティングに従事。ヘルスケアプラクティスおよびマーケティングプラクティスのリーダーとして活動。

マーケティング・インサイト
スタートダッシュに備える洞察力

不況時のマーケティングは、とりあえずの「止血」と
不況脱出時のスタートダッシュのための「準備」に分けて考える必要がある。
「止血」には現状を正確に深く知った上で、確実な打ち手を効率よく実行する。
不況脱出時に向けた「準備」としては、狡猾かつ複雑な次世代消費者を知り、
提供価値の定義を再考し、セグメンテーションの考え方を見直し、
マーケティング・オペレーションを革新する必要がある。

photo: Hideji Umetani

不確実な時代になすべきこと

不景気が続いている。顧客の消費マインドは低迷を続け、企業収益に危機的な打撃を与えている。企業はコスト削減が不可避となり、いきおい人員整理にまで手をつけざるをえない。あるいは生き残りをかけて企業統合が盛んにもなる。

「どのような手を打つべきか」。多くの経営者、ミドルが、この問いに悩まされている。どうしたら生き残れるか、また生き残ったとしてもその後はどうしたら成長できるのかがまったく見えない。「不確実」な時代である。

ご存知のとおり、マーケティングを行う際には、市場を取り巻く環境の「先を読む」ことが必須である。いわゆる3C (Customer, Competitor, Company) が今後どのように変わっていくのか、を推測した上で、どうすれば良い結果を得ることができるかの仮説を構築し、それに基づいて施策を打っていく、というのが基本である。

しかしながらここ最近、こうした定石が通用しづらくなっている。市場を取り巻くプレーヤー間のダイナミクスはより複雑さを増し、将来の動きを推測することが困難な時代

である。消費性向が上向きになってきたと聞いたと思ったら、次の日には株価が再度の下げを記録したりする。超優良企業がいきなり業績不振に陥り数十年ぶりに赤字を被った、という一方で、別の業界では史上最高益を記録する企業がいくつも誕生したりする。

顧客の嗜好がドラスティックに変化することに伴い、地殻変動が起きていることは明らかであるが、それがいつまで続くのか、今後はどちらの方向に動いていくのかについては「神のみぞ知る」というべきか。

「確度の高い将来予測に基づいた堅固なプランでマーケティングに臨む」という物の考え方・動き方では、到底成功は望めない。その場その場で最適化していく柔軟性が大切、ということにはなるが、一方それだけでは、是々非々で施策を打つことになり、その日暮らしの経営に陥るリスクがある。これではとても企業としては立ち行かなくなるだろう。

では、今、マーケティングを考え、実行していく上で必要な「最低限の心得」とは何なのか。

目の前のとりあえずの「止血」と、不況脱出時のスタートダッシュのための「準備」に分けて考える必要がある。

前者のキーワードは、「正確、確実、効率」ではないか。これはいつの時代にも重要なことではあるが、特にこの不況期においては、従来の何倍もの必要性を感じる。「無駄を減らして質を上げる」ことで、とりあえず出血を止めることが肝心である。

一方、後者で重要なのは、ポスト不況期において変化を続ける顧客ニーズの着地点の把握である。不況前では常識的であった消費者の行動、嗜好は大きく変化すると考えられるが、いったん不況を通じて変貌を遂げた消費者のニーズは、今後経済状況が好転しようともすぐに元に戻るということは考えにくい。提供側は、不況期における消費マインドの低下という苦境を乗り切るために、価格の割に性能の高い、優良な製品・サービスをどんどん投入する。すると、それに慣れてしまった消費者は、目の肥えた賢い顧客となる。

こうして、ポスト不況期においては、一段高いレベルのマーケティングが要求されるのは間違いない。顧客の目はより厳しくなる、と思ったほうがよい。それを見誤り、景気好転による相対的な消費者の購買意欲の向上を期待して安穏としていては、競合に遠く置いていかれることになるだろう。相当の深い洞察、すなわちマーケティング・インサイトをもとに、確実なスタートダッシュに備えることが必要だ。

マーケティングの心得：「止血」対策

まずは、とりあえずの「止血」をするために必要な対策を考えよう。

現状を正確に深く知る

不確実な市場においても、実際には見えて

図表1　ビール市場の消費構造(%)

	ボリュームベース	人数ベース
ライトユーザー	26	71
ミドルユーザー	28	18
ヘビーユーザー	46	11

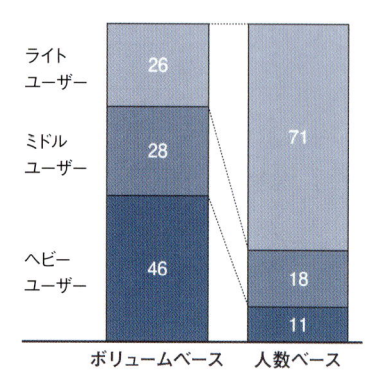

ライトユーザー：大瓶換算月10本未満
ミドルユーザー：大瓶換算月10〜20本
ヘビーユーザー：大瓶換算月20本以上

いるものはたくさんある。先の動きは予測不可能でも、現状の事実は存在する。見えている範囲に関してだけでも、深く、相当の細かさで正確に「知る」ことが重要だ。

しかも平常時の何倍もの精度で把握することが求められる。もはや、施策の無駄打ちはできない。相当の高い精度でマーケティングプランを立案しなければいけないが、そのもととなる情報・洞察は、できる限り深いものがほしい。

すなわち、①顧客の消費構造に始まり、その②購買・意思決定のプロセス、さらには③購買決定の深層心理にまで、一段と深い理解が必要なのだ。

①顧客の消費構造

まず、よく理解すべき典型的なものは、「ライトユーザー対ヘビーユーザー」の構図である。ビール業界は典型的なヘビーユーザー中心の市場である。図表1に示すとおり、市場の7割は、大瓶を月10本以上飲むヘビー・ミドルユーザーで成り立っている。人数ベースでは全体の3割でしかないこのユーザーセグメントで多くのシェアを奪わないと、市場全体での成長は望めない。何としてでもこのセグメントにおいて成功すべく、あらゆる工夫とリソースをフォーカスして投入することが必要となる。

次に、「離反・中止ユーザー」の構造への知見である。これは特に不況時に必要不可欠である。離反・中止ユーザーが多い市場では、その「出血」を少し止めるだけで売上げが一挙に上がる。

図表2は、ヘルスケア市場の例であるが、顧客はこの薬を処方されてもそのうち最大7割程度は、完治しないうちに服用を止めてしまう、という市場構造である。この市場で、中止するユーザーの3割をとどめておくことができたら、即座に売上げが2割増加するが、一方、延々と新規客を狙っていたのでは、とてつもない経営資源の無駄になる。

また、「選好製品・ブランドの変化のダイナミクス」への理解が必須である。図表3は缶コーヒー市場におけるブランドスイッチの様子である。これをみると、製品Aから製品Bへは一方的なスイッチが行われているが、製品Cに対しては、ユーザーの入れ替わりが起こっていることがわかる。これにより、ど

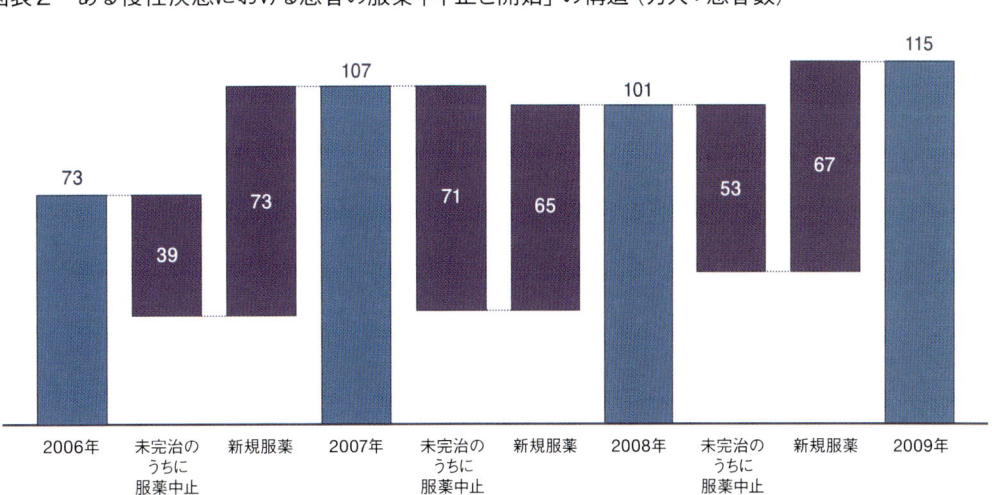

図表2　ある慢性疾患における患者の服薬「中止と開始」の構造（万人：患者数）

の競合へのスイッチを抑えることが売上げ増につながるかが一目瞭然である。消費が低迷して市場が縮小する中、せめて競合への流出は阻止したいものである。

こうした消費構造は、不確実な時代においては急激に変化する可能性がある。しっかりとトラックしておかなければ、マーケティングの方向性を根本から間違う可能性があり要注意だ。

②購買・意思決定プロセス

顧客が製品やサービスを購買するまでには、必ずステップ（＝「購買ファネル」と呼ぶ）が存在する。まずは、製品やサービスの名前・存在を認知することから始まり、その詳細を理解した上で、購買を検討し、最終的に購買に至るというものである（図表4）。

売上げ・シェアを向上するためには、こうしたステップ間に生じる「漏れ」をできる限り最小化することが必要である。この漏れの大きさ（ステップ間ギャップ）を直接の競合と比較することで、自社製品・サービスのパフォーマンスを向上させるにあたっての問題点を把握することができるのである。

たとえば、図表4において、製品Aは、競合製品に比べて認知度は高いが、その後購買検討してから最終的に購買につなげるステップでのギャップが非常に大きい。ということは、製品Aの売上げを増やすには、認知度の向上は問題ではなく、比較検討した後どうやって最終的に製品Aへの選択に落ち着かせるか、ということが問題となる。

次に、ステップにおけるギャップ（特に競合と比べてその差が大きいステップ）を埋めるべく、さまざまなマーケティング施策を打つわけであるが、ステップによって効果の高い施策が異なる。

たとえば、認知度を上げるためには、テレビを使った広告が重要になるし、購買検討か

ら購買という「下流」のステップにおけるギャップを埋めるためには、消費者間の口コミやウェブでの製品説明が有効となる（図表5）。

ただし、どのステップにどの施策が効果をもたらすかは、製品カテゴリーによっても違いがあるため注意が必要である。比較的低価格で、ブランド選択にリスクが伴わないような製品、たとえば清涼飲料水などは、下流の最終意思決定時にさえ、テレビ広告が有効であったりもする。

どの購買ステップでの漏れを改善するためにマーケティング施策を打つのかが不明確で、「昨年もやったから今年も」であるとか、広告代理店から勧められたからということを根拠にマーケティング施策の資源配分を行うのでは、効果的に売上げ・シェアを向上させることはまったくもって望めない。費用対効果の面から、この不況期にはそぐわない。

③「本音」購買決定要因

環境変化が激しい時期においては、消費者は自らの嗜好を正確に把握できていないこと

図表3　缶コーヒー市場における選好ブランドのスイッチ状況
　　　　（アンケート回答者数500人中）

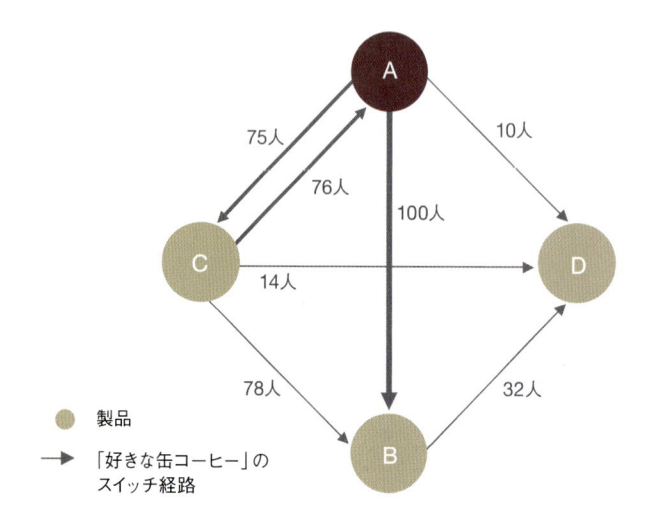

A→C 75人
C→A 76人
A→D 10人
A→B 100人
C→D 14人
C→B 78人
B→D 32人

● 製品
→ 「好きな缶コーヒー」のスイッチ経路

図表4　購買ステップ（%）

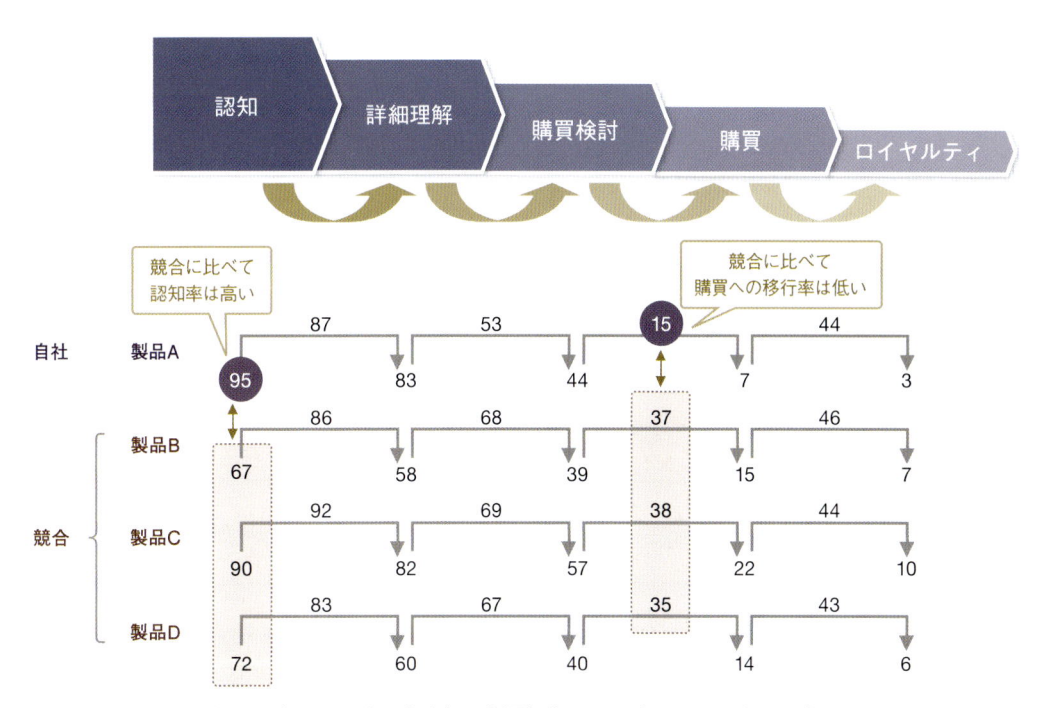

		認知	→	詳細理解	→	購買検討	→	購買	→	ロイヤルティ
自社	製品A	95	87	83	53	44	15	7	44	3
競合	製品B	67	86	58	68	39	37	15	46	7
	製品C	90	92	82	69	57	38	22	44	10
	製品D	72	83	60	67	40	35	14	43	6

競合に比べて認知率は高い

競合に比べて購買への移行率は低い

各ステップにおける数字は、「認知」から「購買」、「ロイヤルティ」に至るまでの各ステップで、それぞれの製品がどれだけ顧客を取り込めているかを示している。また、ステップ間の数字は、各ステップの間での遷移率を示している

が多く、調査を通じて彼らのニーズを炙り出すことは並大抵のことではない。

マッキンゼーでは、自身が保有する「BrandMatics」という心理学・統計学を踏まえた独特の手法を使って、通常の調査では把握することが難しい顧客の「本音」を探ることが多い。

一般の消費者調査では、「以下のブランド属性は、どの程度購買に影響を及ぼしますか」と直接的に購買決定要因を質問することがほとんどである。ここでいう「ブランド属性」とは、食品の場合なら「おいしい、新鮮、近くで買える、値段が安い」など、ブランドを説明したり評価する要素のことである。

しかしながら、このように直接的に質問すると、心の底から思っていることではなく、頭で考えた理屈に基づいた回答がなされることが多い。深層心理で本当に決め手となったことはなかなか抽出できないのが現実である。

そこでまったく異なる手法を使うのである。

まず、当該市場において競合している数ブランドに対し、70～80もの「ブランド属性」に沿って7段階程度で評価させる。これによりどのブランドが具体的にどのように認識されているのかがわかる。

次に、これとは別の設問で、各々のブランドをどの程度購入したいかどうかという意向（購入意向）を評価してもらう。

以上を受け、多変量解析によりこの2つの変数（ブランド属性への評価と購入意向）の間の相関係数を抽出する。これにより、当該市場において各ブランド属性がどれほど購入意向につながっているかがわかる。相関係数が高いブランド属性は、消費者の「本音」の

図表5　購買ステップごとに重要となるメディア（%）

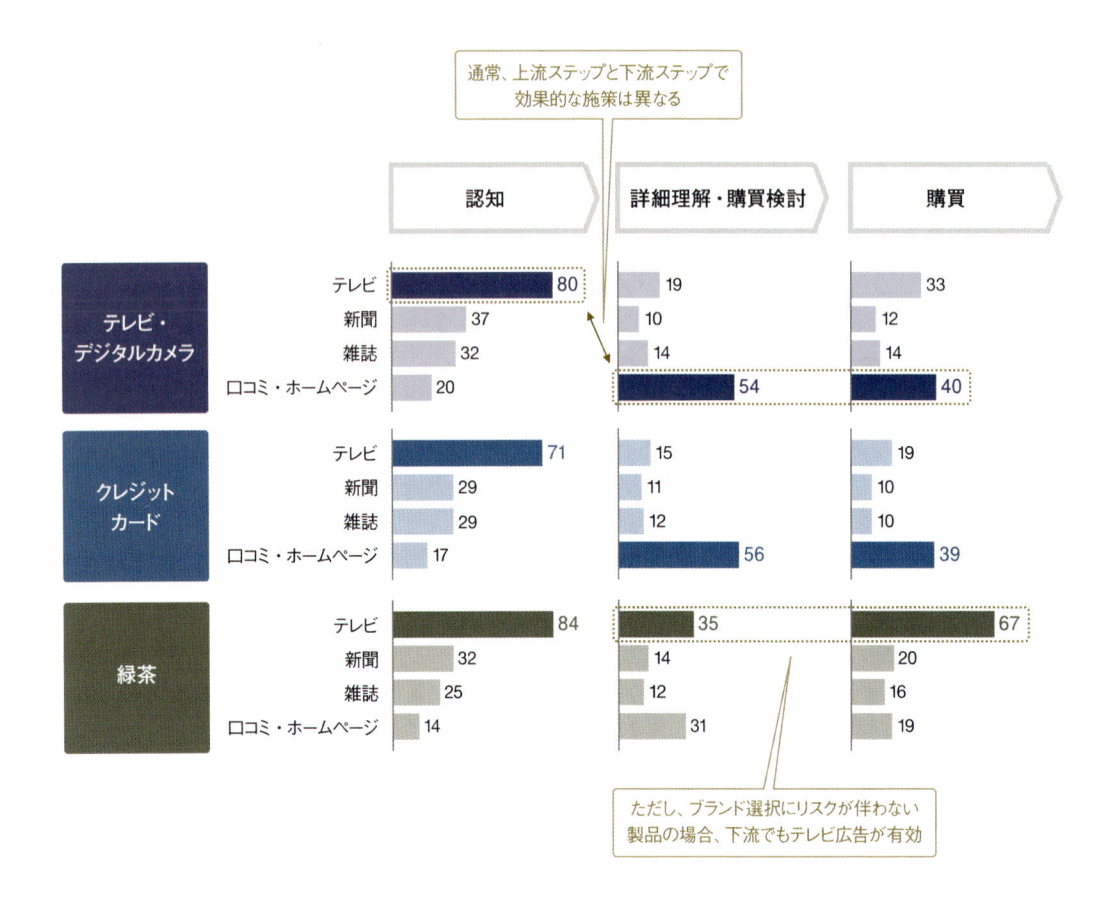

通常、上流ステップと下流ステップで効果的な施策は異なる

		認知	詳細理解・購買検討	購買
テレビ・デジタルカメラ	テレビ	80	19	33
	新聞	37	10	12
	雑誌	32	14	14
	口コミ・ホームページ	20	54	40
クレジットカード	テレビ	71	15	19
	新聞	29	11	10
	雑誌	29	12	10
	口コミ・ホームページ	17	56	39
緑茶	テレビ	84	35	67
	新聞	32	14	20
	雑誌	25	12	16
	口コミ・ホームページ	14	31	19

ただし、ブランド選択にリスクが伴わない製品の場合、下流でもテレビ広告が有効

購買決定要因として定義できる。

　これまでの経験では、特に、購買決定要因について本音が言いにくい市場（消費者金融など）や、効果・価格などの有形属性によって論理的に購買決定要因を説明しやすい製品（家電、トイレタリーなど）では、この「本音」（BrandMatics調査の結果）と「建前」（通常の調査の結果）の乖離が大きい（図表6）。一方、もともと観念的、感情的にしかブランド選択が行いにくい製品（アパレルなど）では、この乖離は少ない。

　不況で消費者の購買決定要因が見えなくなりつつある今こそ、こうした深層心理を解析することに非常に大きな意味があると思う。

確実な打ち手を効率よく実行する

　次に、正確に把握した情報・洞察をもとに、確実に勝てるマーケティング施策を立案し、無駄なく効率よく実行していかなければならない。このために必要な考え方は、①自社の「得意」な打ち手に注力して成功確率を上げること、②打ち手を実行する際に「無駄な動き」を減らすこと、および、③必要性の少ない間接業務を排除してマーケティング活動に割く時間を増やすことの3つである。

①得意技への注力

　自社の強みは何かを明確にする。製品開発

図表6 「本音」と「建前」の比較──シャンプーの例

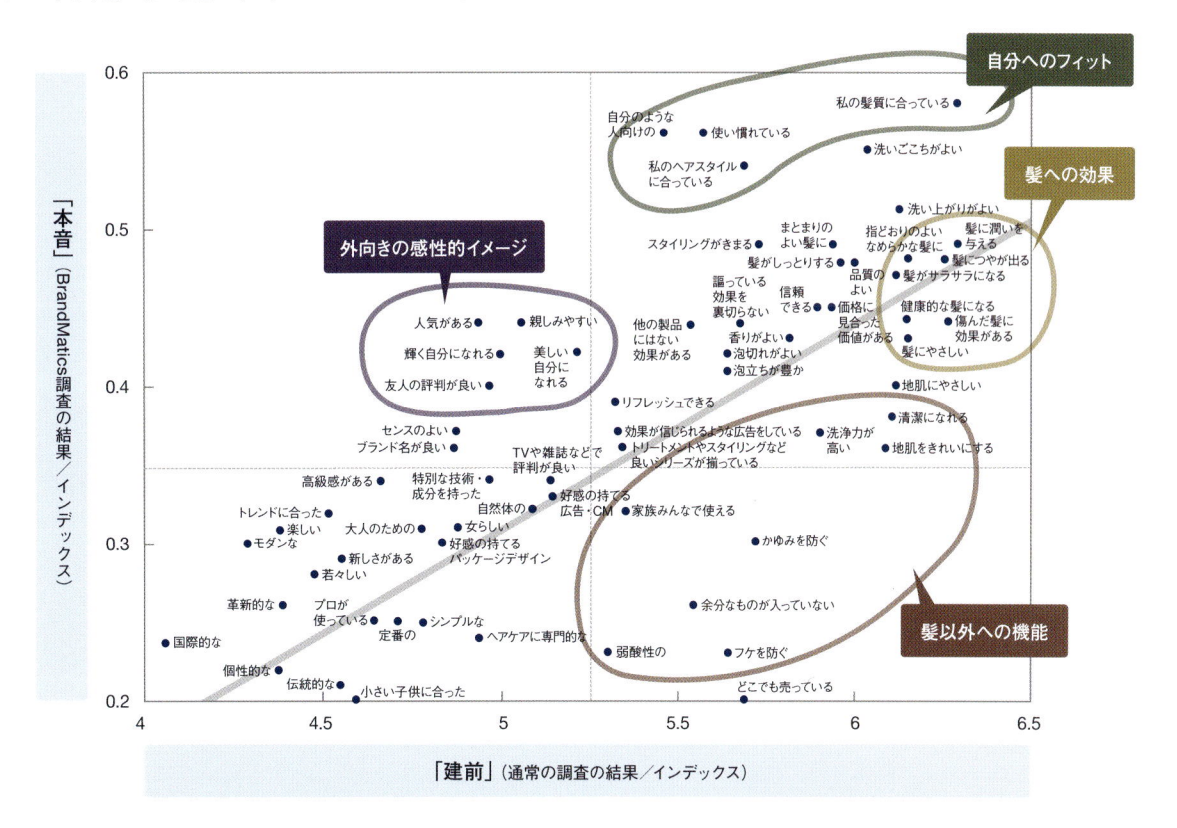

横軸：各ブランドのブランド属性への評価と、購入意向の多変量解析による相関係数
縦軸：「各ブランド属性がどれだけ購買意思決定に影響を与えたか」という質問に対する回答（7段階評価）

に生かせる技術上の強みでもいいし、営業上の強みでもよい。その強み、すなわち得意技が効く市場では絶対に競合に負けないようにする。これは不確実な時代での戦い方の鉄則である。多少規模は小さくても、絶対に負けない分野やセグメントを見つけることが必要だ。

その市場での勝率（マーケットシェア）を絶対維持するよう全力を傾けるべきである。少しずつでも成果を確定していくことが必要なのだ。それによって、戦況が安定し、不確実性が高い他の市場での戦いに備えることができる。加えて、場合によっては、得意技を駆使して当該市場・セグメント自体を拡大するということも考えるとよい。

とにかく、自社の現状の強みや有効なアセットを100％使いきると同時に、中途半端に資源の投資先を広げないようにしたい。

②無駄のないマーケティング活動の追求

マーケティングとは「相対的」なものである。この世にないものを次から次へと創出し続けなければいけないわけではない。競合より少しでも勝っていればよいという場合がいくらでもある。特に不況時には、無駄に労力をかける必要はまったくない。

たとえば、あるメーカーの営業マンの訪問回数と売上げの相関を見てもらいたい（図表7）。訪問回数が月4回までだと売上げはほぼフラッ

トであるにもかかわらず、月5回を超えると途端に売上げが増加する。要は、月4回以下しか訪問しない顧客への訪問活動は、まったく無駄だったということである。5回訪問しないとクリティカルマスに達しないのであろう。また、6回以上になると、増加幅が急激に鈍る。6回以上の訪問も、これまた非効率となる。

なぜこういうことが起きるのか。徹底的に調査した結果わかったことは、多くの競合が、判で押したように月4回の訪問を徹底していたということである。月4回までだと、顧客は、営業マンのシェアオブボイスの違いを明確に認識できず、それが売上げに影響を及ぼすことはなかったが、たった1回の訪問数の多さが、顧客における自社のプレゼンスを格段に高めることができたということである。

こうした非常に緻密でデリケートなマーケティング活動のマネジメントが必要となる。

③マーケティング活動以外の無駄業務の排除

これに加え、間接業務を含むあらゆる業務における無駄を排除して、マーケティングに費やす時間を増やすようにすべきである。

典型的な業務の無駄には、「そもそも必要性が低い業務」、「必要だが費用対効果の観点から過剰な業務」、「非効率な業務プロセス」、「重複している業務プロセス」の4つがある（図表8）。ブランドマネジャーが行っている業務を細かく分解して、この4つの無駄と照らし合わせてその妥当性を1つ1つ確認していく。

特に、ブランドマネジャーは、営業や開発などの他部署、あるいは経営に対して資料を作成する機会が多いと思われるが、果たしてすべての資料が本当に必要なのか。過剰なものがいくつもあるのではないだろうか。

また、マーケティングプランを作成するプロセスが硬直化している組織では、必要性の低い会議がむやみに開催されることが多い。回数も多いけれど参加人数も不必要に多いことがよくある。

あるいは、仮説はほとんど検証されているのに、予算があるからといって冗長な消費者調査を繰り返したり、営業部隊とほぼ同じようなプランニングを重複して行っていたりもする。

私たちの経験では、平均で15〜20％程度の業務は、無駄であるか必要性が低く、削減しても業務のアウトプットには何ら影響は与えない。これだけの時間があれば、より重要性の高いマーケティングの根幹業務（セグメンテーション、打ち手のアイデア創出など）にもっと注力することができる。

マーケティングの心得：次世代への「準備」

いよいよ、不況脱出時に向けた「準備」に取り掛かる。

不況期においては、消費者の振る舞いに大きな変化が見られる。この変化の後には、これまでとは違う提供価値やセグメンテーションの考え方が必要となるはずである。ポスト不況期の次世代消費者とはどのようなものだろうか。それを認識しておくことが「準備」の第一歩となる。

図表7　営業マンの訪問回数と売上げの相関

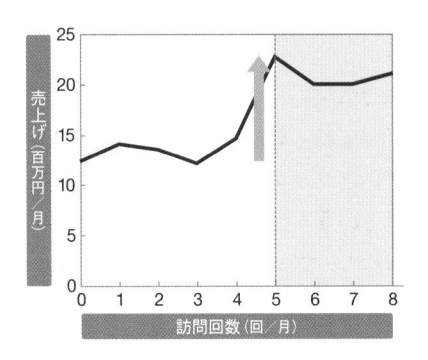

図表8　無駄な業務の排除

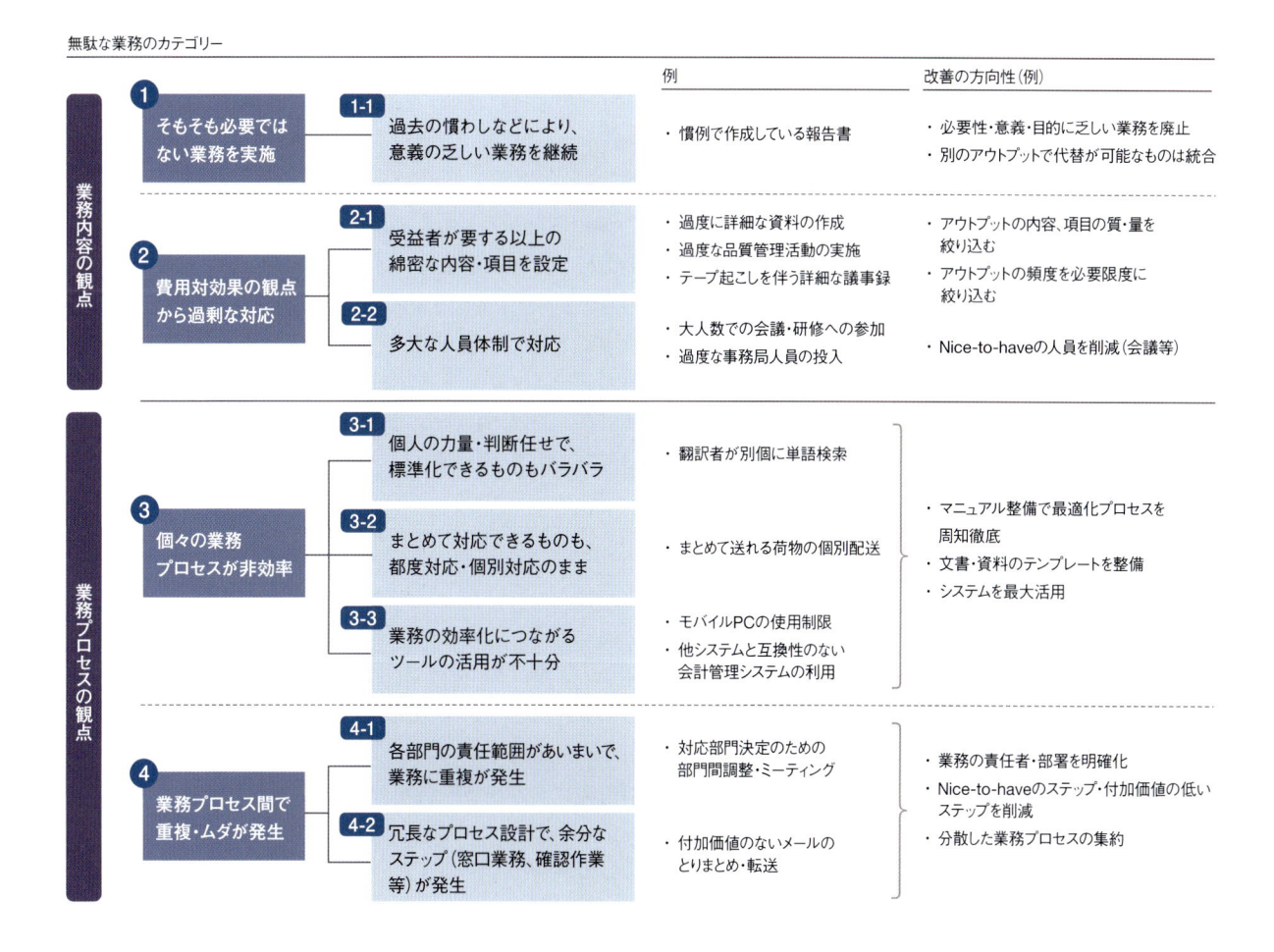

無駄な業務のカテゴリー

			例	改善の方向性（例）
業務内容の観点	1 そもそも必要ではない業務を実施	1-1 過去の慣わしなどにより、意義の乏しい業務を継続	・慣例で作成している報告書	・必要性・意義・目的に乏しい業務を廃止 ・別のアウトプットで代替が可能なものは統合
	2 費用対効果の観点から過剰な対応	2-1 受益者が要する以上の綿密な内容・項目を設定	・過度に詳細な資料の作成 ・過度な品質管理活動の実施 ・テープ起こしを伴う詳細な議事録	・アウトプットの内容、項目の質・量を絞り込む ・アウトプットの頻度を必要限度に絞り込む
		2-2 多大な人員体制で対応	・大人数での会議・研修への参加 ・過度な事務局人員の投入	・Nice-to-haveの人員を削減（会議等）
業務プロセスの観点	3 個々の業務プロセスが非効率	3-1 個人の力量・判断任せで、標準化できるものもバラバラ	・翻訳者が別個に単語検索	・マニュアル整備で最適化プロセスを周知徹底 ・文書・資料のテンプレートを整備 ・システムを最大活用
		3-2 まとめて対応できるものも、都度対応・個別対応のまま	・まとめて送れる荷物の個別配送	
		3-3 業務の効率化につながるツールの活用が不十分	・モバイルPCの使用制限 ・他システムと互換性のない会計管理システムの利用	
	4 業務プロセス間で重複・ムダが発生	4-1 各部門の責任範囲があいまいで、業務に重複が発生	・対応部門決定のための部門間調整・ミーティング	・業務の責任者・部署を明確化 ・Nice-to-haveのステップ・付加価値の低いステップを削減 ・分散した業務プロセスの集約
		4-2 冗長なプロセス設計で、余分なステップ（窓口業務、確認作業等）が発生	・付加価値のないメールのとりまとめ・転送	

徹底的に高いROIを求める

次世代消費者は、物を買うときに必ず価格比較をするようになる。ウェブを使って調べるだろうし、店舗間でもいわゆる「買いまわり」を徹底する。そのための労力は惜しまない。最近は習慣的に「値切る」ことを覚えた消費者も現れている。日本では、一部の地域（大阪など）を除き、以前には見られなかった現象だ。一方、モノを修理して長く使うという傾向が顕著になってきている。靴や鞄だけではなく、洋服までもがその対象だ。製品の耐久性へのこだわりが強くなり、それに対応したものが望まれるようになる。いわば、欧州的な消費のしかたになりつつある。成長著しく、どんどん新製品を求め使い捨てていく、過去の日本のような中国都市部とは正反対の動きである。

自分以外の主体のためのベネフィットを考慮する

これは直接的に景気に関係はしないが、トレンドとしては外せない。「モノを消費する」と同時にそれが世の中のためになるようにしたい、というニーズの台頭である。

いわゆる「グリーン消費」、「パブリック消費」と言われるもので、前者は地球環境に配慮した製品を買いたい、後者は消費と同時に

社会問題の解決に貢献できる製品（貧困層などの恵まれない人たちを支援できる等）を買いたいというニーズである。現状でもすでに顕在化しているが、好況に転じたら余裕ができる分、さらに増加するであろう。

ただし、穿った見方をすれば、実はこれも「環境や他人に配慮する人でいたい」という利己的なニーズと考えられなくもない。そういう意味で、本当に他者のことを思う確かなニーズなのか、ファッション的にうわべだけの格好良さを追求したいだけなのかの仕分けがしにくく、どのようなスタンスでマーケティングを行うべきかは慎重に考える必要がある。

より本質的な価値に金を使うようになる

必需品に対しては低い価格、高いROIを徹底的に追求する一方、余裕ができた分でこれまで以上に「豊かさ」を求める消費が台頭するのではないか。これは表面的な贅沢ではない。不況を通じて、自分に何が必要で何が必要ないか、という洞察ができるようになった消費者は、無意味な贅沢、見栄ではなく、もっと身になるものに余分を投資する。

すでに、必需品以外に対しては、「他人に見せる」ためではなく「自分の納得」のために出費する傾向が見られる。他人との比較もしなくなり、自分の内面での満足感を大事にするという心理による。近頃、素材を厳選した「こだわりのタオル」がいくつも発売され、その売れ行きが大変良いと聞くが、これもその1つだろう。

「安全・安心・健康」への嗜好は、不況前からすでに存在していたが、それがさらに先鋭化される。これまで以上に、より具体的な身入りがある、自分にとっての本質的なベネフィットを追求するようになるのである。

「消費」への渇望感が高まる

今年の正月、福袋の売れ行きが例外的に良かったらしいが、これは安いものへの欲求というよりは、むしろ「お金を使いたい」という欲求を満たすためではないだろうか。欲しいものが決まっていればバーゲンで買う。福袋というと、運試しという目的もあるのかもしれないが、どんなものかわからないがとにかく普通では買わない高めのものを購入するという、ある種の「浪費」への渇望を示しているようにも思える。買い物をする、お金を使うという行為は、それ自体がベネフィットであるといえるからだ。

景気が平常な時に、高価なブランド品の購買決定要因を調べると、「価格が十分高いものであったから」という選択肢を選ぶ人は少なくない。高額なものを購入することで、自己満足的にハレの気分を満喫するということは当然あるし、買い物でストレスを解消するということもセグメントによっては重要なニーズである。不況期に鬱積した顧客の潜在的な欲求が、一時的に爆発することは容易に考えられよう。

前述の、豊かさを提供価値とする製品には、相当のブランド価値を付加した上でプレミアム価格を設定するほうが、より消費を促す可能性が高いと見る。

実店舗での購買に回帰する

つい最近、ウェブサイトでの売れ筋ランキング上位の商品を、百貨店が特別に一堂に集めたら、行列ができるくらいの盛況となったらしい。しかも従来の百貨店の顧客層だけではなく、若年層も取り込んでいた。百貨店といえば、チャネルとしての付加価値の不明確さゆえ衰退が始まって久しく、さらに不況によってROIに厳しくなった消費者からは総スカンを食らっているチャネルである。そこにおいてさえ、こうした動きが見られるというのは興味深い。

単に安く買えればよいというものではなく、購買体験に意味があるということのようだ。それを価格にうるさい今の消費者でさえ認め始めている。実物を見ながら買うことの楽しみは実店舗でないと得られない。

不況の今は、単に低い価格を求めて、中間流通コストがかからないウェブでの購買が増加傾向にある。しかしながら、実際に手に取って見ることによる、より正確な製品への理解、店員との会話による新たな発見、他の購買客と触れることによる購買意義の確認などは、ウェブではできない。見る目がより厳しくなった消費者が、価格が低いという理由だけでウェブで購入する製品の価値を、さらに自分で直接見て体験して厳格に評価したい、というニーズが現れた兆しと考えられないだろうか。

　かつて、製品の種類によって「クリック」消費に向いているとか「モルタル」消費に向いているとかいう議論があったが、実は製品カテゴリーに関係なく、実店舗によるマーケティングが今後の大きな競合差別化の1つとなるのではないか。

世代間セグメントの違いがより鮮明になる

　世代間格差が想像以上に広がっている。これは、人格が形成され始める幼少期から、ものの考え方、嗜好が明確になっていく青春期までの世相や経済状態が、1980年後半からのバブル期を起点として大きく変化を繰り返してきたからである。高度成長期に青春期を過ごした「団塊の世代」は、お金はあっても何に遣ってよいかわからないし、一方、バブル期に青春期を迎えた「アラフォー」世代はこの不況期にあってもなお消費マインドは衰えず、今の消費全体を引っ張っていると言ってもよい。

　一方、現在の20〜30代前半の若い世代は、バブル崩壊後の経済が停滞した時に多感な時期を過ごしているため、消費に対しては慎重である。

　たとえば、最も高価な耐久消費財である自動車に関していうと、彼らは車を単なる移動の手段としか思っていないため、個人所有することの意味を見出せなくなっている。自動車のマーケティングは、将来に購買者の核となるであろう彼らの嗜好をモニターしながら、これまでとはまったく違う方向性を打ち出していかざるを得ない。

　また、この世代も「金の遣い方」がわからない。背景は違うが、団塊の世代と同様に、たとえ経済的に余裕ができたとしても何に遣ってよいかわからないというのではないか。彼らに対しては相当のエディケーションを施さないと、たとえ好況に転じようとも消費ポテンシャルを引き出すことは非常に困難になるであろう。

あるべき次世代マーケティング

　こうして俯瞰してみると、次の時代の消費者は相当狡猾で、かつ複雑であることがよくわかる。不況下の学びによって、理不尽なくらい賢くなった消費者である。景気が回復しても、「無駄なものは買わない」、「買うものは徹底的に価格を吟味する」という習慣は抜けない。

　しかし一方、「世の中のために」と、自分の得にならないのに「エコや社会のために貢献したい」という。はたまた、鬱積を晴らすために「激買い」の可能性もある。さらにこうし

た傾向が世代によって大きく異なるというのだから性質（たち）が悪い。並のマーケターでは太刀打ちできないのではないだろうか。

たいへんな困難が予想されるが、次の世代のマーケティングのあり方は、①提供価値の定義の再考、②セグメンテーションの考え方の見直し、③マーケティング・オペレーションの革新が軸になる。

①提供価値の定義の再考

市場は大きく2つに大別されることになるであろう。

まずは、タンジブル・ベネフィット（Tangible benefit＝理性的、物理的なベネフィット）が主要な提供価値となる市場である。消費者はプライスとバリューを論理的に徹底比較した末、意思決定を行う。B2Cの場合なら、B2B的な意思決定になると言えよう。しかし、ここで重要なのは、消費者は必ずしも闇雲に低価格を望んでいるわけではないことである。論理的な適正価格を求めているだけである。プライスとバリューのバランスが取れていれば、価格の絶対値を問題視することはない。

もう一方は、これまでとは異なるインタンジブル・ベネフィット（Intangible benefit＝感情的、概念的ベネフィット）が求められる市場である。最も重要な提供価値は「豊かさ」である。これに、環境改善への貢献、および、貧困などその他の社会問題解決への貢献が同時に実現できる、という提供価値が加わる。当然のことながら、利便性や機能性などの従来のベネフィットも継続的に存在することになる。

製品やサービスの種類によって、こうした2つの異なる市場のどちらかに分類されるのではないか。中途半端な市場は淘汰されるであろう。2つの市場の間では、投入すべき製品やサービスのスペックは相当に異なるものになる。

前者の市場においては、徹底して価格・価値の論理的な説明を施したものが基準となる。またその「理屈」はできる限り簡単なものであることが望ましい。あまり難しい理屈ではすべての消費者には受け入れられない。簡単に瞬時に頭の中で判断がつく類のものがよい。優れたマーケティングコミュニケーションの力がいると思う。

後者の市場では、自己の満足と他者のベネフィットをどうバランスさせるかが課題である。他者向けのベネフィットは純粋なものではない可能性もあり工夫が必要である。一見矛盾する提供価値を共存させることができる複雑な製品・サービスの設計や工夫が求められる。

②セグメンテーションの考え方の見直し

これまで、我々コンサルタントは、「デモグラフィクス属性」（年齢、性別）によるセグメンテーションは本質的なものではなく、ニーズ・消費行動を軸としてセグメンテーションをすべきであると言い続けてきた。それは、社会が多様化し、年齢・性別でライフスタイルが規定されないようになってきたため、根

源的な消費ニーズもデモグラフィクスでは区別が難しいという発想からである。

しかし、これだけ景気変動が頻繁になり、その生活環境へのインパクトが大きくなると、それが人格形成に与える影響度も大きくなり、年代・世代によって根源的な嗜好構造に大きな違いが生じてきている。

ライフスタイルによるセグメンテーションがなくなることはないと思うが、そのセグメントの定義自体が、各年代・世代によって大きく違ってくる、と考えるべきであろう。

③マーケティング・オペレーションの革新

最後に、こうした新たな提供価値を新たなセグメンテーションに基づいて顧客に届けていかなくてはならないが、ここにも革新が必要である。

まず、かなり正確で客観的に価値を伝達することが求められる。特に、プライスとバリューの定量的な分析が必要となり、「エビデンスベース」のマーケティングコミュニケーションが原則となるであろう。これは製薬業界などのB2Bの世界では当たり前になっているが、これをB2Cにおいても適応していくということになる。

「豊かさ」という価値は、消費者が実際に体験するまでは、明確に判断、評価しにくい。価値が100％伝達されたかどうかを理解するには、消費者からのフィードバックをもらうしかない。場合によっては、消費した後の評価（旅行などの商品の場合は帰ってきてからの評価）によって最終的に価格を決定する、「サティスファクション・ベースのプライシング」も検討すべきかもしれない。

こうしてみると、次世代のマーケティング・オペレーションにおいて最も重要なことは「信頼感」の醸成ではないか。嘘の記載とか顧客を欺くような行為があったら、その場で終わりである。

重要なコミュニケーション手段は、マスメディアではなく、消費者との直接的な接点ということになる。いかに顧客から「信頼」の認識を勝ち取るか、その一点にしぼられる。これまで現れては消えてきた、ダイレクトチャネルの可能性が再度浮上する。これまでのような、小売に顧客接点を任せっきりのマーケティングでは、とても対応できなくなるだろう。

おわりに

私のマーケティングの定義は、「状況を読みつつ、自分のやりたいように強引にもっていく」ことである。そのためには、競合の「裏をかく」こともあれば、消費者に対してある種の「誘導」も行う。ターゲット顧客を絞り込み、魅力的なメッセージを発することで狂信的に自社製品に引き込む。自社に都合よくなるように仕組むこともある。自分を好きにさせるためには何だってやる。

不確実な時代にこそ、こうしたマーケティングの力が必要となってくる。状況に流されてはいけない。放っておくと、不況の波に飲まれて低迷を続けるだけである。

「顧客の状況を正確に把握しつつ、確実に効率よく打ち手を打つ」ことが今すぐ必要であると申し上げたが、それを行う際には、とにかく前のめりで積極的な姿勢が重要である。積極的なマインドセットになることにコストはかからない。

また「将来の消費者ニーズの着地点を読んで、それに対応することが重要である」ともご提案したが、まだ見ぬ将来のことである。リスクを感じず思い切って先手を打ってほしい。現在の苦境に比べたらどんなこともマシに思えるはずだ。

ひるまず気概をもって、プロアクティブにマーケティングに臨まれることを期待する。

M&A戦略で成長機会を取り込む

組織的なビジネスディベロップメントスキルが成功の鍵

厳しい経済状況、人口減少と高齢化、地球温暖化など
変化の中からこそ、事業機会は生まれる。
M&Aやアライアンスなど他力活用によって、
いかに新たな成長機会を取り込むか。
ビジネスディベロップメント（BD）を構築するステップとスキルを
理解するとともに、組織として6つの要諦を押さえる必要がある。

photo: Hideji Umetani

日本企業は成長を望めないのか？

　日本には1億人を超える人口があり、その多くが中産階級に属し、GDPでは世界第2位の地位を占めている。そんな日本市場が母国市場であるという好立地に恵まれて、日本企業は、繊維・鉄鋼から自動車・エレクトロニクスへと産業構造をうまく変化させ、世界の中で優位な地位を築いてきた。

　ところが、現在、日本の経済界は、たいへん厳しい時期にあるという見方が多い。人口は今後減少して2050年には1億人をきり、高齢化の進展により2020年には80歳以上が全人口の10％を占めるようになる。結果として、経済は、2020年まで年率1.4％の成長にとどまるとされている。加えて、政府財政は、GDPの189.6％にも相当する910兆円という未曾有の負債を抱えている。このような中、GDPで世界第2位という地位も、いまや中国に譲り渡さんとしている。

　日本企業は、日本経済とともに停滞せざるを得ないのであろうか。私たちは、日本企業にも成長する余地は大であり、M&Aやアライアンス等のビジネスディベロップメント（Business Development：BD）機能の強化が

PROFILE

本田 桂子 （ほんだ・けいこ）

マッキンゼー・アンド・カンパニー
ディレクター

熊本県生まれ。お茶の水女子大学卒業。ペンシルベニア大学ウォートンスクール経営学修士課程修了（MBA）。ベイン・アンド・カンパニー、リーマン・ブラザーズを経て、1989年マッキンゼー・アンド・カンパニーに入社。2007年から現職。専門分野はコーポレートファイナンス。事業会社・金融機関・プライベート・エクイティの事業戦略やM&A、提携戦略立案、M&Aの実行および買収後の経営等の課題に取り組んでいる。著書・翻訳書に『マッキンゼー合従連衡戦略』（共著、東洋経済新報社）、『マッキンゼー事業再生』（編著、監訳）『企業価値評価』（共訳、いずれもダイヤモンド社）などがある。

井上 雅史 （いのうえ・まさし）

マッキンゼー・アンド・カンパニー
アソシエイト・プリンシパル

東京都生まれ。慶應義塾大学卒業。カリフォルニア大学ロサンゼルス校経営学修士（MBA）。JTを経て2004年マッキンゼー・アンド・カンパニーに入社。ヘルスケア、消費財業界を中心に、全社戦略、M&Aや戦略的提携の立案と実行サポート、事業再生等のコンサルティングに従事。特に日本企業によるクロスボーダーM&Aの実行や買収後の経営戦略等の課題に取り組んでいる。翻訳書に『企業価値評価』（共訳、ダイヤモンド社）がある。

成長実現に大きく寄与するものと考える。本稿ではこのBDとは何か、その強化のポイントなどを述べていきたい。

変化の中に事業機会がある

日本企業はいま、大きな変化のただ中にある。

世界を長期的な視点で眺めると、日米欧のトライアド（三大戦略地域）やG7（先進7カ国）が世界の経済活動の中心だった時代から、G20といった新興国を含む多極的地域において経済が発展する時代へと変化している。BRICsをはじめとする新興国においては、中産階級を年収1万5000ドル以上の層と定義すると、2025年までに2億人の中産階級が出現する。

また、地球温暖化問題が、先進国のみならず、新興国においても世界共通の課題として認知され、各国政府がその解決に着手し、取り組みを本格化させている。こうした動きは今後ますます拡充するだろう。

一方、2008年の世界金融危機以降、急速に顕在化した変化も見られる。官の果たす役割が変化しているのだ。金融市場をどう管理するかについて、危機直後の混沌期にとどまらず、官がより大きな役割を担う流れにある。また、多くの国では、雇用確保や経済成長のために、グリーンニューディール等の名のもとに温暖化対策を軸にした産業振興を官民協働の形で進めるようになり、実際に新産業が急速に興りつつある。

現在の日本が厳しい時代を迎えていることは否定しない。しかし、変化は、有望な巨大マーケットや、地球温暖化対策の中での太陽光・太陽熱や風力発電といった事業機会を生み出している。円高は日本で製造したモノを輸出する場合には確かに不利だが、海外から財やサービスを購入する立場で考えると、円を持つ日本企業には有利となる。原材料・部品・製品・サービスから、機械等製造装置、不動産、ひいては外国企業を買うにあたっては、現在はたいへん有利な状況といえるのである。

変化は日本の中でも顕在化している。

その1つは、社員の終身雇用もあって継続してきた不採算収益事業からの撤退である。

日本経済が第二次世界大戦後高成長する中で、系列取引・社内取締役中心による社員によるガバナンス体制確立・年功序列・終身雇用などが育成された。これらは日本的経営の基礎といわれることもあるが、経済同友会が1947（昭和22）年に出した「企業民主化試案（修正資本主義の構想）」を見てもわかるように、日本的経営の基盤といわれるものの多くは1938年の国家総動員法の制定前には一般的ではなかったもので、日本古来のものとはいえない。トヨタ自動車やシャープなど同じ時期に設立された企業も多いので、こういう誤解が生まれたものと思われる。しかし、不採算事業の維持は、もはや聖域ではなくなってきた。

一方、不採算事業は、MBOによる独立や事業会社やファンド等に売却後、グループ外取引を伸ばしたり、事業モデルを変えることで、企業価値を増加させる機会をもたらす可能性がある。

また、日本には再編の可能性が高い業界も少なくない。セメント・鉄鋼・銀行・損保など、すでに業界再編が進んだところもあるが、2009年時点で売上高が200億円を超える日本の上場企業の中で、エレクトロニクス関連企業は163社、化学関連企業は178社にも上る。これから業界再編が起きてもおかしくない業界も多いのである。

日本のビジネスで見直すべきものは見直す時期にきているはずである。私たちは国内の変化からも事業機会は生まれると考える。

変化の中でこそ他力活用が重要

　変化の中で生じている機会をいかに取り込むか。2つの課題があるだろう。

　1つめは、インターネット等の情報手段の発達により、情報共有のスピードが速まり、事業機会が事業機会として存在する時間が短くなっている状況にどう対応できるかだ。変化の中で、いかに時機を逸せずに、事業機会を自社のものとできるか。戦略の賞味期限がいっそう短期間になっているのである。

　また課題の2つめは、戦略にいかに幅を持たせることができるかということである。事業を取り巻く環境の多様化・複雑化も進展しており、事業機会を実現する中で試行をしつつ実行案を練り込む重要性も増している。そこで、実行戦略案に幅を持たせられることの優位性が大きくなってきている。

　このスピードや戦略の幅の面で、目前に魅力的な機会が出現したとき、自社単独ではその取り込みが難しいケースが増えている。いかに他力活用、すなわちM&Aやアライアンスができるかが問われることになる。

　実際、他力活用によって様々な機会実現が可能になる。まず、M&Aやアライアンスを駆使した新地域進出がある。例えば新興国に進出する場合、現地でチャネルを買収したり、現地ニーズに合ったコストの生産設備を持つ企業を買収する例は多い。

　また、技術的差別化を図りにくい現在、付加価値はバリューチェーン上で顧客の変化するニーズをつかみやすい下流に偏在していることが多い。そこで、ビジネスシステムの垂直統合は、川下に出ていく場合などに見られる。

　さらに、M&Aは、事業ポートフォリオの大転換にも有効で、化学メーカーなどは、社会の変化を見据えて基礎化学からスペシャリティケミカルへと、企業買収によってコア事業をシフトさせている。

　オーバーキャパシティの業界で体力消耗戦が続く中、長期的な視点で市場ニーズに応える研究開発を可能にするために、M&Aを実施して業界再編をしかけることもある。例えば、温暖化や水問題などの台頭で新たな社会ルールへの対応ニーズが急速に生じ、大規模な事業が育つ素地がある。こうした新規事業への参入でもM&Aやアライアンスが活用されている。

　図表1は、日本企業の関連するM&Aの件数を1996年から追ってみたものである。このデータは、日本国内のM&A（in-in）、日本企業の海外でのM&A（in-out）、海外企業の日本における買収（out-in）を含んでいる。1996年に286件であったものが徐々に増加し、2006年をピークに若干減少傾向にあるものの、2008年は1000件を超え、2009年は本稿の執筆時点で統計が明らかにされている1〜11月までの11カ月で808件を数えている。バブル崩壊後の低成長期で、「成長」した数少ないものがM&Aといえるのではないだろうか。

　金融危機以降の、金融機関以外の日本企業が行った主要なM&Aを図表2にまとめた。日本企業がM&Aによって、国内の業界再編

図表1　日本関連のM&A件数推移[*1]

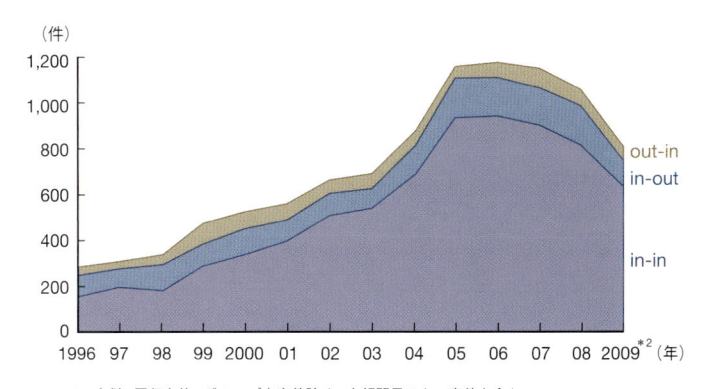

*1　合併、買収案件、グループ内案件除く、金額開示のない案件も含む
*2　2009年1月〜11月

資料：Marr

図表2　日本企業による主なM&A（金融機関を除く）2008年8月〜2009年11月

	買収者	買収対象会社	取引総額（百万ドル）	株取得率（%）
国内	新日本石油	新日鉱ホールディングス	12,000	100
	パナソニック	三洋電機	11,653	100
	NECエレクトロニクス	ルネサス テクノロジ	3,864	-
	明治製菓	明治乳業	2,356	95.9
海外	サントリー	オランジーナ・シュウェップス	3,800	100
	キリン	ライオン・ネイサン	3,675	53.9
	大日本住友製薬	セプラコール	2,553	100
	リコー	アイコン・オフィス・ソリューションズ	2,336	100
	三菱レイヨン	ルーサイト・インターナショナル	1,576	100
	キリン	サンミゲルビール	1,377	48.3
	塩野義製薬	サイエルファーマ	1,276	100
	アサヒビール	シュウェップス・オーストラリア	809	100
	キリン	デアリーファーマーズ	788	100
	サントリー	フルコアグループ	775	100
	伊藤忠商事	頂新国際集団	725	20.0
	アサヒビール	青島ビール	668	20.0

資料：Dealogic

図表3　GDPに占めるM&A取引総額比率

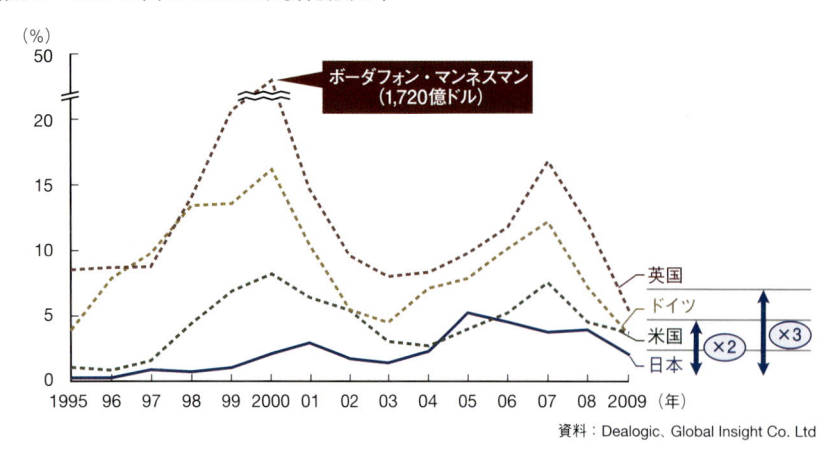

資料：Dealogic、Global Insight Co. Ltd

や、成長を志向した海外進出を進めていることがうかがえる。

ビジネスディベロップメントの3つのステップ

　日本企業のM&Aやアライアンスの経験は確かに増えてきている。しかし、欧米企業は、M&Aやアライアンスを日本企業を遥かに上回って活用して、ビジネスを進めている。図表3は、日・米・英・独におけるM&Aの総額を各国のGDP比で示したものだが、日本はいまだ、英国の3分の1、米・独の2分の1ほどにすぎない。

　欧米では、M&Aやアライアンスを活用した事業の構築をビジネスディベロップメントと呼ぶ。M&Aやアライアンスを駆使して、文字どおり、事業を開発するわけである。BDは、事業戦略立案、ディールの遂行、M&Aやアライアンス後の経営（Post Acquisition/Alliance Management：PAM）の3つのステップからなる。このプロセスを完遂してはじめてBDは成功する。まずは、各ステップで必要となる主要スキルを理解する必要がある（図表4）。

図表4　ビジネスディベロップメント・スキル——M&A・アライアンスでの成長の成功要件

スキル(Skill)	戦略立案	ディールの遂行	PAM（統合・アライアンス後の経営）
	■ 他力活用により戦略のソリューションスペースをどう広げるかの方向性を出すべく、社内外からの情報を正しく読み、世界および日本での長期短期でのマクロの変化を織り込んだ業界展望を作成 ■ M&Aやアライアンスでの他力活用まで視野に入れた広範で、クリエイティブな事業戦略オプションを複数立案 ■ 上記戦略オプションを業界展望をうまく活用しながら比較検討し、最善、次善、次次善の策までの優先順位づけ	■ アドバイザーに丸投げしない、もしくは、抱え込んですべてを自社内でやり遂げようとしない ■ 持ち込まれた案件の検討ではなく、幅広くターゲット選定 ■ 戦略的目的を達成しつつ、投資額を抑えるようなディールストラクチャリングのアイディア出し、検討 ■ 戦略的目的達成と投資リターン最大化を念頭に置いたターゲット財務、ビジネス分析、デューディリジェンス ■ 買収後の経営まで念頭に置いての、社内外のステークホルダーマネジメント ■ ターゲットおよび関係諸機関との交渉	■ 自社の戦略的目的の理解の徹底 ■ 上記に合わせた戦略の変更 ■ 成果指標等の見直し ■ その実行のためのターゲットおよび自社における組織改正 ■ 人事および人事制度見直し ■ 一定期間を置いて、買収の成否の検討。買収後うまく経営できないようなら売却もオプションに入れて検討

上記のスキルを属人知に終わらせずにどう組織知化するか

戦略立案

　M&Aやアライアンスで他力を活用すると、事業戦略のソリューションスペースが大きく広がる。ここで重要なことは、ソリューションスペースをどう広げるかを検討するために、トップをはじめとする経営陣、および幹部が業界の展望を明快にし、合意することである。社内外の情報を正しく取捨選択し、日本・世界における長期・短期のマクロの変化を洞察し、それを織り込んで業界の将来についての展望を持つ。

　そのうえで、事業戦略のオプションを、広範かつクリエイティブに立案する。オプションの選択にあたっては、BDは相手があることなので、絞り込みすぎることは適切ではない。最善策だけでなく、次善、次次善策くらいまでは用意し、必要に合わせてM&Aやアライアンスの可能性がどの程度あるのかといった、フィージビリティのチェックをしておくべきであろう。

ディールの遂行

　ディールの遂行で最も重要なことは、何を社内で行い、何を社外の専門家に依頼するかを見極め、後者については、具体的に誰に依頼するのかを決めるスキルである。

　ディールというと、デューディリジェンス、企業価値評価、契約書のドラフト、交渉などのハードスキルが重要と考えがちだ。しかし、これらは法律・税等の改正により変化・進化するので、専門スタッフを社内に抱えるよりも外部アドバイザー（弁護士、公認会計士、コンサルタント、インベストメントバンカー等）を活用したほうが合理的だ。

　一方、このとき、経営判断のように、自社でしかできないことも数多くある。外部に丸投げでもなく、自社ですべてを抱え込むのでもなく、効率的・効果的に経営判断を行えるチームを、短期間に組成する必要がある。

　ちなみに、M&Aの専門家を数多く抱えるプライベートエクイティファンドですら、外部アドバイザーを活用している。そのためには外部アドバイザーを深く理解しておくことが前提になるのはいうまでもない。

　次に重要なことは、ディールのターゲットを幅広く検討することである。例えば、持ち込まれた案件についても、当該の相手以外にもターゲットがいないかどうか検討する。

　また、ディールストラクチャーは、100％買収といったよくある形にとらわれず、アドバイザーも動員して、戦略的目的の達成と投資額の削減を両立する、クリエイティブな案

を考え抜くことである。

PAM

PAM（Post Acquisition/Alliance Management：アライアンス後の経営）では、自社の戦略的目的を買収先・アライアンス先に徹底的に理解してもらうことが不可欠である。企業風土の異なる人々を相手に理解を促すには時間がかかり、かつ工夫もいる。書面で共有したからといって共通の理解が得られることは少なく、オフサイトでプレゼンテーションをし、質疑応答を行い、さらに、その後会食等でインフォーマルに背景等を説明して、はじめて理解が浸透するということも少なくない。

また、戦略的目的を達成できるよう、組織を見直すことも当然必要になる。買収を行った場合、買収先の戦略を再策定したうえで、経営指標から組織、人事制度等も見直す。大型案件では、自社の組織の見直しも必要なことが多い。

ディールの遂行時に存在した外部アドバイザーは、多くの場合、契約書へのサイン・クロージングでいなくなる。PAMを自社が自力で行うのか、あるいは外部にサポートを求めるのかを見極めることも、PAM成功のための重要な要因である。

組織的なBDスキル構築がM&A成功の鍵となる

前述のように欧米企業はBD（ビジネスディベロップメント）を駆使しているが、その中でも特に先進企業と平均的な日本企業を比べた場合、最も大きく異なるのは、いま述べたBDスキルをどう構築しているか、という点である。

日本企業で見受けられるのは、M&Aやアライアンスの優れたスキルを有していても、それが限られた社員の属人知となっており、当該の人材が異動や退職してしまうと、スキルが一挙に失われてしまうことである。1990年代、日本のある大手エレクトロニクスメーカーに、M&Aの手腕に長けた担当者がいて、M&Aアドバイザーの間でも有名な存在だった。大企業では異例といえるほど、長期間にわたってスタッフ部門の部長を務め、多くのM&A案件を手がけた。ところが、この担当者が異動したのを境に、同社のM&A活動は激減してしまったのである。

一方、欧米のBD先進企業は、M&Aやアライアンスを通した事業開発のスキルを、人に依存するのではなく、スキルを組織として蓄積している。企業が組織としてのBDスキルを育て、それを発揮していくには、組織体制や仕組みをどう設計し、どのような人材を確保・育成すべきなのだろうか（図表5）。

組織体制

BDスキルをどのような組織体制で蓄積・強化していくかについては2つのアプローチがある。専門部署を設けて集中的に蓄積するのか、あるいはトレーニングやツールの工夫で社内全体のスキルアップを図るかだ。

欧米の先進企業を見ると、BDチーム（ビーディーチーム）と称する専門部署を置き、集中的にスキルを蓄積しているケースが多い。トップ直轄のチームも多く、その場合、緊急の大型案件にも対応しやすい。ただし、BDチームが他の部署と連携がとれなくなってはいけない。各事業部とどう連携させるか、また、PAMとチームをどう関連させるのかが、設計上重要となる。

仕組み

組織が、その連関というソフト面も含めて決まると、次はプロセス（やり方）のデザインである。その際重要なのは、どこまでプロ

図表5　全体観を持ったBD機能の総合的デザイン

スキル(Skill)	戦略立案	ディールの遂行	PAM（統合・アライアンス後の経営）
	■他力活用により戦略のソリューションスペースをどう広げるかの方向性を出すべく、社内からの情報を正しく読み、世界および日本での長期短期でのマクロの変化を織り込んだ業界展望を作成 ■M&Aやアライアンスでの他力活用まで視野に入れた広範で、クリエイティブな事業戦略オプションを複数立案 ■上記戦略オプションを業界展望をうまく活用しながら比較検討し、最善、次善、次次善の策までの優先順位づけ	■アドバイザーに丸投げしない、もしくは、抱え込んですべてを自社内でやり遂げようとしない ■持ち込まれた案件の検討ではなく、幅広くターゲット選定 ■戦略的目的を達成しつつ、投資額を抑えるようなディールストラクチャリングのアイディア出し、検討 ■戦略的目的達成と投資リターン最大化を念頭に置いたターゲット財務、ビジネス分析、デューディリジェンス ■買収後の経営まで念頭に置いての、社内外のステークホルダーマネジメント ■ターゲットおよび関係諸機関との交渉	■自社の戦略的目的の理解の徹底 ■上記に合わせた戦略の変更 ■成果指標等の見直し ■その実行のためのターゲットおよび自社における組織改正 ■人事および人事制度見直し ■一定期間を置いて、買収の成否の検討。買収後うまく経営できないようなら売却もオプションに入れて検討

スキルを支える仕組みを構築

組織体制（Structure）
- BDチームを置いてそこにスキル蓄積か、全社的にレベルアップか
- BDチームを置く場合は、トップ直轄が多いが、戦略立案・統合マネジメントにどこまでBDチームが関与するのか。また、事業部やコーポレートの他部署とどう連携するか

仕組み（System）
- プロセスをどこまで標準化するか。テンプレート、チェックリストはどこまで作り込むか
- 案件からの学びを次回に反映させる仕組みをどう構築するか

人材（Staff）
- 上記スキルすべてを満たす人間は稀有。案件実行の専門性は外部アドバイザーからも補足可能。一方、社内における経営判断サポート等が社内ネットワークは重要性が高い。チームとしてどう組み合わせるか
- 専門用語の多い案件について、経営判断のできる層にわかりやすい説明ができるコミュニケーション力は不可欠。プレッシャー耐性も重要
- 優秀な人材を集めたら、買収先等のその次のポジションまで考える

セスを作り込むか、である。

　スタンダードなプロセスを決め、それに合わせてツールやルールを決めていくことも可能である。大きなミスは回避でき、ルールどおりに出てきた資料をもとに、経営判断をすることも比較的容易である。しかし、プロセスを明確に決めてしまうと、それに合わない案件については途中であきらめる、ないしは遅延するということも起こる。M&Aやアライアンスは、大量生産品ではなく、1つひとつ手づくりである。特に難しい案件は、工芸品を扱うようなもので、そういう難しい案件こそ戦略的メリットが大きいことも多い。

　M&Aは、最終的には、どういう事業・企業に対してどのような対価をつけるかを決める必要がある。しかし、その途中にあるものは、すべてがロジカルに決まるものではなく、定量評価しにくいものもある。ここを斟酌して進めることができるように、プロセスを縛り過ぎない企業のほうが、M&Aで成功を収めていることが多いように思う。また、そうであるからこそ、BDチームはトップ直轄なのであろう。

　とはいうものの、ディールとなるとたいへんタイトなスケジュールで、多くの人間がかかわるので、リスクマネジメントは徹底したい。ディールの各ステージにおける承認プロセスとガバナンスの仕組み（誰が参加し、会議をどのタイミングで設定して意思決定するか）は定めておく必要がある。そういう観点でのプロセスの設計は重要だ。

　プロセスを速やかに進めていくには、各ステージにおける意思決定のため、基本的な重要検討項目をあらかじめ設定し、準備しやすくする方法もある。検討項目は、例えば、戦略的・財務的フィット、ディールストラクチャーのオプション、主なリスク要因、クロージングに向けてのロードマップなどである。

　また、ディールを重ねていくと組織としてなんらかの学びがあるはずである。この学び

を属人のものとせずに、組織のものとするための工夫は重要だ。ある米国企業では、関与した案件をその成否にかかわらずすべてデータベース化し、案件タイプやターゲットのタイプ等で検索できるようにしている。そして、担当者は、最後にその案件からの学びを書き込む。案件の担当者になると、関連案件を検索して、その学びを早期に理解するわけだ。

また、このデータベースには、担当者の現在の連絡先が明記されていて、連絡をとって相談にのってもらえるようになっていた。また、重要な案件はケーススタディとしてまとめておき、BD担当者向けのトレーニングの材料として活用している。ここでは交渉の経緯やメールのやりとりまでが詳細に残されており、具体例からの学びを会得できる。こういう「改善的な工夫」は、製造現場では日本企業のお家芸であるが、BDに限っては、まだあまり聞いたことがないのが残念である。

人材

次にどういう人材を置くか、である。最も重要なことは、社内の人材と社外の専門家をうまく組み合わせてBDチームとすることと考える。

一昔前、ある米国企業が、M&Aの専門性の高さが重要と考え、インベストメントバンカー、コンサルタント、弁護士などを外部から採用し、チームを組成した。しかし、こうしたメンバーには、その会社固有の経営判断の軸や暗黙のルールがわからない。また、専門知識は陳腐化しやすく、一流の専門組織にいてこそプロフェッショナルとして機能する。そのため、この企業では、M&Aを戦略的に活用できないという結果に終わってしまった。

もちろん、ディール時の外部アドバイザーを選択するなど、専門性を目利きする力は必要なので、一定量の専門家を中途採用することは有効である。また、M&Aやアライアンスにおける常識は、通常の経営者や幹部にとっては常識ではないことも多い。それらを短時間に理解し、わかりやすく経営陣に伝える高い理解力・コミュニケーション力も、M&A・アライアンスの後進国である日本企業では特に重要である。

BDスキル構築の6つの要諦

マッキンゼーでは、M&Aやアライアンスの活用による事業構築を多数サポートしてきた。また、BD（ビジネスディベロップメント）スキル構築の重要性に着目し、欧米、日本、アジアの多くの企業にインタビューを重ねてきた。これらを通して、BDスキル構築の要諦は6つあると考えている。

1. DBとそのスキル構築の重要性を企業全体として理解すること

終身雇用が長らく続いた日本企業において、いわば純血主義、自前主義の風土で育った経営陣や管理職の方々には、外の血が入ることは居心地が悪いことが多い。しかし、成長地域や成長事業へのタイムリーな進出や業界再編により過剰設備の適正化を図るには、M&Aやアライアンス等による他力活用が有効である。そして、それにはBDにはスキルが必要であることも理解していただきたい。

2. 自前主義からの脱却

BDを行うこと自体が他力活用だが、その遂行過程においても外部アドバイザーを活用する、という他力活用における他力活用が必須である。この点も日本企業の方々には新たなチャレンジになるだろうが、BDに必要な高度な専門知識やスピードを確保するために、自前主義からの脱却が不可欠である。

3．BDスキルの組織化

多くの日本企業には人事異動という制度がある。この点において、特に日本企業においては、BDの専門家といった存在をつくって、その人に一切合財を丸投げし、代替が利かないポジションを作ることはたいへん危険である。BDスキルを組織化することが必須である。

4．組織全体のBDスキル底上げ

BDスキルは、現在の経営陣にとって新しいスキルであったとしても、将来の経営陣にとっては必須科目となる。この点を踏まえ、BDチームを中心にスキル構築するアプローチをとる場合でも、組織全体として持つべき最低限のスキルを、トレーニングなどを行って組織の中に定着させるべきである。最低限のスキルとは他力活用も視野に入れて戦略案を立案できることであろう。

5．BDに優秀な人材を確保するための仕組みづくり

優秀な人材を集めてチームを組むとなると、そういった人材の、次のポジションも考えておかねばならない。経営のトップに近い所で働き、幅広い知見と責任を伴う職務は将来の経営陣としての経験を積むことができ、幹部候補生を育成する部門の一つになるだろう。また、買収先の経営ポストなどを活用して、大型買収した場合は、買収した人間自らが責任を持って経営の任にあたるというやり方を採用しているところもある。人材育成の次のステップまで考えた仕組みづくりも必要だ。

6．日々是改善

M&Aやアライアンスにおいては、あるターゲット企業を競り合うということも多い。買収では、米国では入札になる場合がほとんどであるし、日本でも昨今そういうケースがとみに増えてきた。BDスキルについては、欧米先進企業はスキルアップに努めて、数年前から格段にレベルアップさせている、というところも少なくない。R&Dが強いことが有名な米国のある化学企業などはよい例である。競合がBDスキルを磨いているのであれば、M&Aやアライアンスでの競争に備えて、自社のBDスキルのレベルアップに励むべきであろう。日本企業のお家芸ともいえる日々是改善をビジネスディベロップメントスキル構築にも生かしてほしい。

大きな変化のうねりの中で出現する事業機会をいかに巧みに捕捉して成長するか——。それには、他力活用すること、すなわち、M&Aやアライアンスによるビジネスディベロップメントが不可欠である。この重要性に早期に気づき、スキルを組織として短期で構築できれば、円高というフォローの風もあり、成長の可能性が大いにある。と、頭では理解しつつ、しかしながら実際には、M&Aやアライアンスは不得意だからと絶好の機会を前に躊躇したばかりに、その機会を逸した、という企業は多い。そこで、まずははじめの一歩として、BD機能の構築に着手してはいかがであろうか。

「成長への改革」へと舵を取る

改革の方向を検証する羅針盤と4つの視点

グローバル・エクセレンスといわれる企業の歩みを見ると、
「Shrink to Grow（成長のための縮小）」というキーワードが浮かび上がる。
経済状況の厳しいときこそ、経営資源の捻出と成長に向けた仕込みが重要になる。
ここでは、改革の方向を見定めるための羅針盤と
特に改善の基盤となる「コスト競争力」の強化に向けた検証のアプローチを紹介する。

photo: Hideji Umetani

継続的な成長への条件

経済状況の先行きは不透明

　リーマン・ショック以降、経済状況は大きく揺れたが、これからも経済状況は不安定な状態が続くことが予想される。様々なグローバル規模での経済に関する様々な調査が存在するなか、今後の経済の「回復」に向けて複数の有力なシナリオが挙げられる（図表1）。
　急速に回復するシナリオでも、リーマン・ショック以前の水準の回復までには、最短でもさらに1年程度の期間が必要と見られる。新たな産業が成長するというシナリオでも、2012年の後半までは非常に厳しい状況が続く。悲観的なシナリオでは5年以上も消費力の低迷などが続く深刻な事態となる。
　リーマン・ショック以降、国際的な金融協調などの経済状況を取り巻く環境が刻一刻と変わっている。その変化の内容とスピードをどう予測するかがこうしたシナリオの違いにつながっている。いずれにしても、経営環境の変化の中で、多くの企業がグローバルで激化する競争に晒され、生き残りをかけている。
　生き残るために、そして成長に向かうため

PROFILE

高貫 吉信 （たかぬき・よしのぶ）

マッキンゼー・アンド・カンパニー
プリンシパル

ケンブリッジ大学卒業。同大学大学院修士課程修了。マッキンゼー・アンド・カンパニーにおいて、日本をはじめとするアジア各国、欧州にて、自動車・家電・産業機械等の業界を中心に、収益改善・企業再生戦略の立案・実施をテーマとした多数のコンサルティングに取り組んでいる。マッキンゼー・アンド・カンパニーの自動車・産業機械グループの日本の統括者。また、コスト改善（オペレーション）グループのアジアにおける中心メンバー、製造業グループの日本におけるリーダーの1人でもある。

に企業には今、どのような改革が求められるのだろうか──。

「成長のための縮小」を積み重ねる

厳しい経営環境のもと、足元の課題への対応に追われがちだが、企業は将来のために成長の種を蒔き、育てなければならない。成長の仕込みには時間と労力が掛かる。まずは目の前の事業改善だけということでは、成長の機会を逸することになりかねないし、逆に有望な成長の芽を潰しかねない。

また、目の前の改善から得た効果を経営資源として、どのような将来の成長に振り向けるのか、具体的な目的意識を持つことが企業としては重要となる。長らく続く日々の改善努力の中で組織を疲弊させないためにも、共有された将来の姿は必要となる。

グローバル・エクセレンスといわれる世界を牽引するグローバル企業の事業遂行を振り返って見ると、「Shrink to Grow（成長のための縮小）」というキーワードが浮かび上がる（図表2）。コアとなる中核事業での改善を進め、競争力のない分野からは撤退・縮小する、といった事業の見直しを断行している。成長の源としてどのような事業・地域に集中していくのか──。こうした戦略を確実に打ち立てている。

もちろん、やみくもに理想を追うだけでなく、過去からの教訓も踏まえて、新しい経営

図表1　今後の経済の「回復」へ向けての4つのシナリオ

世界的に、信用市場、資本市場、産業市場が再活性化し復活を遂げる

シナリオ2：緩やかな回復
・Q3 2012年まで非常に厳しい状況が続くも、新産業導入を軸に成長を実現

シナリオ1：急速な回復
・回復時期2011年

非常に深刻な世界不況 ← → 深刻な世界不況

シナリオ4：クライシス
・6年超にわたる不況
・2015年に達してもなお、－15〜20％の消費力減少

シナリオ3：長期的な低迷
・1〜2年のリセッション期を経て、しばらくは低迷期が継続
・2015年以降に本格回復

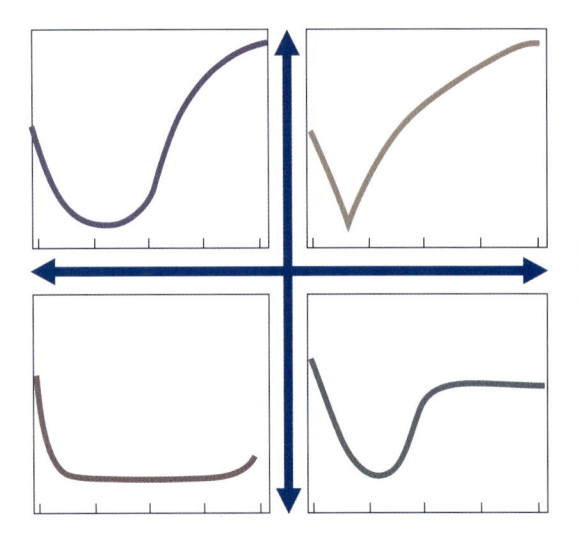

世界的に、信用市場、資本市場、産業市場が底を打ったまま不安定

資料：マッキンゼー・アンド・カンパニー

のビジョンや思想を模索し、将来像を描いていく必要がある。そうした過去の検証の1つとして、図表3は米国の上場企業約3000社を対象に、企業の利益率と成長率（規模）の関係を明らかにすることを目的に行った調査の分析である。ここから、Shrink to Growに関して興味深い事柄がわかる。

1つめは、高成長（規模）と高利益率の同時達成は極めて難しい、ということである。およそ3000社中、高成長・高利益率を同時に実現しているスター・パフォーマーは、わずか12社であった。規模の成長率は高いが利益率は低い企業や、逆に成長率は低いが利益率が高い企業は多数存在する。しかし、利益率と成長率の双方が同時に高い企業は少ない。

図表2　グローバル・プレーヤーは「Shrink-to-Grow」で持続的な成長を実現してきている

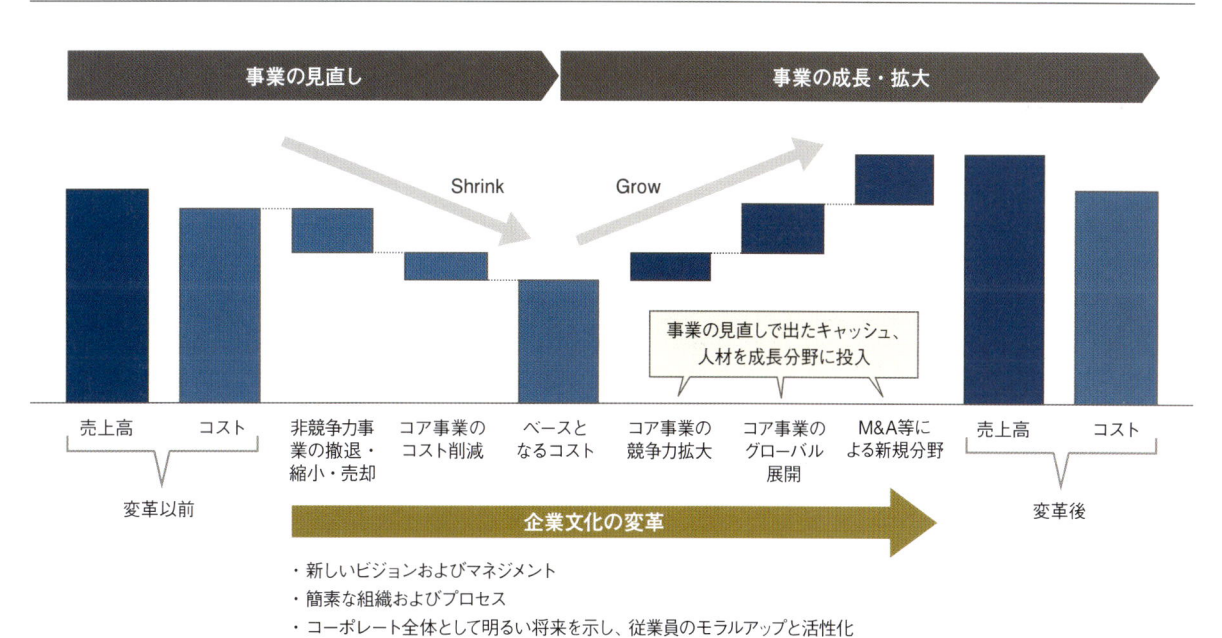

Shrink-to-Growの概念図　　　　　　　　　　　　　　　　　　　　　　　　　　■売上高　■コスト

事業の見直し　→　事業の成長・拡大

Shrink　Grow

事業の見直しで出たキャッシュ、人材を成長分野に投入

売上高　コスト　非競争力事業の撤退・縮小・売却　コア事業のコスト削減　ベースとなるコスト　コア事業の競争力拡大　コア事業のグローバル展開　M&A等による新規分野　売上高　コスト

変革以前　　　　　　　　　　　企業文化の変革　　　　　　　　　　　変革後

・新しいビジョンおよびマネジメント
・簡素な組織およびプロセス
・コーポレート全体として明るい将来を示し、従業員のモラルアップと活性化

➡「Shrink-to-Grow」は単なる縮小均衡ではない

資料：マッキンゼー・アンド・カンパニー

また、2つめは、規模を成長させながら、同時に利益率を好転させるのは困難だということだ。調査対象で高成長をしたとされる66社のうち、同期間に投下資本利益率（ROI）が向上したのはわずかに8社のみだった。すなわち、規模の成長期には、利益率が低下しやすいことを示している。これは規模の拡大により、企業の競争力や組織力が拡散したり、企業買収により事業の効率性が落ちる傾向があることが背景にある。前掲のスター・パフォーマー12社中、11社は利益率の改善を行ったうえで、規模の成長を果たしている。

　このように、規模と利益を同時に追求することは困難なのである。企業が一定の利益率を確保しながら高成長を希求するならば、特定の事業領域に絞り込んで利益率を高め、その上で、規模の拡大を図る必要がある。つまり、規模と利益のそれぞれにおいてShrinkとGrowを積み重ねてこそ、利益率の高い規模の成長を実現できる。これが、グローバル企業の典型的な成功パターンである。

　そもそも、規模の成長、利益率の改善には、異なる戦い方が求められる。規模を追求するならば、既存の事業分野ごとの勝ちパターンをさらに磨き上げ、展開する市場機会を捉えて既存の勝ちパターンを応用することが重要である。例えば、ある市場で製品の優位性をテコにした勝ちパターンを確立し、それを他の市場に展開する。一方、利益率の改革については、従来の延長上の改善だけでは難しい。将来を見据えて集中すべき事業を選択する必要があるし、その新しい勝ちパターンを作り上げ、市場での収益確保の仕組みを進化させることが重要となる。

　特に事業の選択については、過去の経緯やしがらみの中でいかに意思決定を行い、変革を推し進めるかに、その企業の特徴や個性が現れる。例えば、欧米の多くの企業では、経

図表3　企業の分析からも「Shrink-to-Grow」の必要性が示唆されている

スター・パフォーマー分析

- 米国の上場企業3,098社
- そのうち、下記のいずれかに該当する2,875社を除外
  ・1つのセグメントにしか属さない会社
  ・売上高が10億ドル以下の小規模な会社
  ・高い成長を目的とし、配当を行わない会社
- 分析の対象となる223社のうち、下記の条件を共に満たす「スター・パフォーマー」12社を抽出
  ・過去10年間の一定以上の売上高の平均成長率
  ・過去3年間の一定以上の平均ROI

スター・パフォーマーへの道

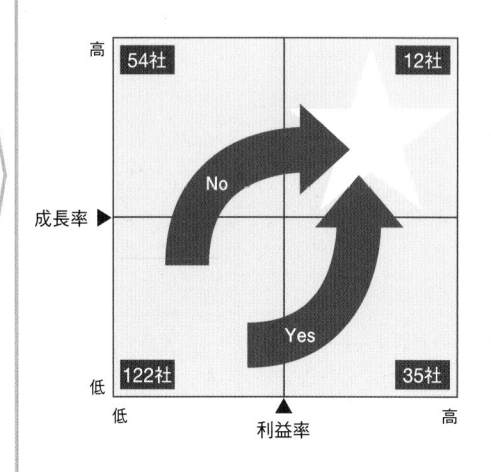

	利益率 低	利益率 高
成長率 高	54社（No）	12社
成長率 低	122社	35社（Yes）

研究が示唆すること

1. 高成長と高利益率を同時に維持することは極めて困難
   - 同時に実現したのはスター・パフォーマー12社のみ
2. 高成長を続けながら利益率を向上させていくのは更に困難
   - スター・パフォーマー12社のうち、高成長を続けながら利益率を改善した会社は1社のみ
   - 66社の高成長会社のうち、成長期間内にROIが向上したのは8社のみ
3. 高成長の追求には、利益率低下の危険性が付きまとう
   - 高成長会社66社のうち、65%の会社が成長期間終了時にROIの低下を経験している

資料：マッキンゼー・アンド・カンパニー

営陣の任期ごとに、その時々の経営環境や図表2で見た成長の局面に応じて、事業の方向性や構成を大きく転換するケースがよく見られる。そして多くの場合、こうした周期的な事業の入れ替えと新しい戦略の検証が、企業の継続的な活性化につながっている。

求められる経営の舵取り

成長（Grow）から縮小（Shrink）、縮小（Shrink）から成長（Grow）へ、いかに経営の舵を取るか。市場の成長期には、良好な事業の環境のもとで各事業がそれぞれに業績を伸ばし、多くの企業は躍進を続けることができる。特にマーケットのグローバル化が進む今日、各地域の市況が好転している局面では、経営の大きな舵取りがなくとも、地域での右肩上がりの成長を享受できる。

しかし、複数の市況が急変し、悪化する局面では状況は大きく変わる。状況変化をいち早く察知し、機動力をもって対応する新手のベストプラクティスとなる企業もあるが、リーマン・ショック以降、多くの企業が受動的な対応に追われることになった。状況が悪化してからの対応は、前線の状況の把握から、効果的な打ち手の実行に至るまで後手となって、悪循環に陥りがちである。このときほど経営の的確な舵取りが必要なときはない。

成長のための縮小（Shrink to Grow）を積み重ねたグローバル企業の経営の歴史は、経営環境の変局点に直面するたびに、経営の舵が大きく取られたことを物語っている(図表4)。すなわち、成長安定期においては、事業を深く理解した各事業が主導で各事業分野の成長を積み重ねることで、企業は全体としての規模を効率的に拡大する。一方、市況悪化の局面では、企業全体を見渡した優先順位付けや意思決定に基づき、事業からの撤退・縮小の

図表4　グローバルプレーヤーは、ShrinkとGrowによる事業の成長段階ごとに、ガバナンスのバランスを変化させている

事業の立ち上げ・見直し期
- 経営機能が積極的にShrinkとGrowのきっかけを作る
  ・新規事業の立ち上げ期はShrinkからGrowへ
  ・既存事業の見直し期にShrinkと次なる事業のGrowへ

企業全体での経営機能の関与度合い

関与の度合い：大
- 企業全体での経営判断
- 全体観からの「Shrink」と「Grow」のきっかけ作り

関与の度合い：小
- 事業に権限と責任
- 事業が「Grow」を推進

事業の安定成長期
- 事業について理解が最も深い事業部門が主導
  ・戦略立案およびその実施における機動性を担保
  ・企業全体ではM&A、マーケティング等の専門機能のサポート提供等に主眼

資料：マッキンゼー・アンド・カンパニー

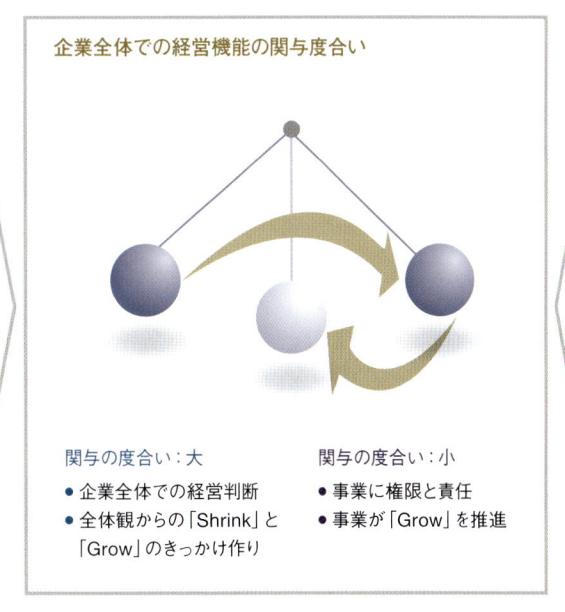

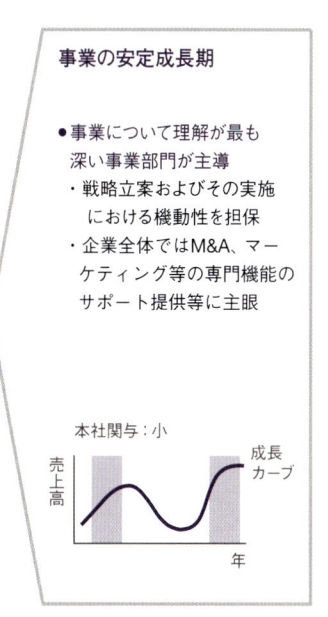

判断、将来の重点事業となる成長分野の絞り込みなどを行う。これによって収益率を確保する。

前掲のスター・パフォーマーのような、ベストプラクティスと称される多くのグローバル企業は、このように、実質的なガバナンスの主体を各事業に置くか、企業全体に置くかを、局面ごとに振り子のように動かすことで、規模と利益を確保して今日に至っているのである。

例えば、ある米国の先進的なグローバル企業では、成長期には各事業部門に目標と経営指標を課し、事業部門ごとの成長を促している。かたや、縮小・見直しの局面では、ポートフォリオを査定する判断基準を導入し、これを基に各事業部門と今後の集中分野を明確にする。また、そうした共通の判断基準を採用することで、必要なときには事業部をまたいだ大規模な意思決定や投資（例：M&A）も社全体で行うことができる。競争に勝ち残るためには、ガバナンスの振り子を環境に合わせて柔軟にシフトさせることが求められる。

改革の方向を見定めるための羅針盤

「Crisis Response Compass」というフレームワーク

では、個々の企業にとってどのような成長（Grow）と縮小（Shrink）が求められていて、どのような施策を遂行すべきか、改革の方向性を見極める必要がある。実際に経営の舵をきって改革を進めるうえでは、資金面からオペレーション、営業・マーケティングや組織・人員など、多岐の分野にわたり検討すべき課題がある。複雑な環境のもとで改革を設計する上で、自社にとって重要な課題は何か、どのような分野を優先して考えるべきなのか、将来の成功への道筋はどういうものか——。こうした、改革の舵をどのような方向に取るのかを考えるためには何らかの羅針盤が必要である。

ここでは、その羅針盤となる「Crisis Response Compass」というフレームワークを紹介しよう。

この「Crisis Response Compass」では4つの視点から企業が取りうる成長（Grow）と縮小（Shrink）の改革の方向性や施策を検証・確認していく。4つの視点とは、変わり行く環境下での戦略面の対応、コスト競争力、トップラインの収益力、新しい戦い方に対する構造面での対応である（図表5）。まずは、この4つについて主な要素を基点に概要を説明したい。

戦略面の対応

戦略は、変化に能動的に対応し、将来を見越して競合よりも一歩先んじたものでなければならない。特に、顧客の多様化や、競争の変化、製品・サービスに対するニーズの広がりが加速している環境では、この先見性を持った戦略の有無が死活問題となる。例えば、グローバルな市場で多くのAttackerを相手にする事業では、将来の成功が見えないビジネスを強いられているケースすらある。

近年の市場の変化するスピードを踏まえると、現状の事業ポートフォリオをよりスピードをもって進化させる必要があるのではないか。今後も事業構造上、収益を期待できない事業に経営資源を注ぎ続けていないか。また、新しい地域や市場セグメントに取り組む場合、チャネルや顧客の理解・獲得、製品・サービスの開発、ビジネス・インフラの確保など企業として集中すべき焦点は段階に応じて異なる。どの段階で何にフォーカスすべきかが明確で、自社が定義する勝ちパターンに持ち込む道筋を作り込んであるか。こうした点

図表5　改革の方向性の羅針盤「Crisis Response Compass」

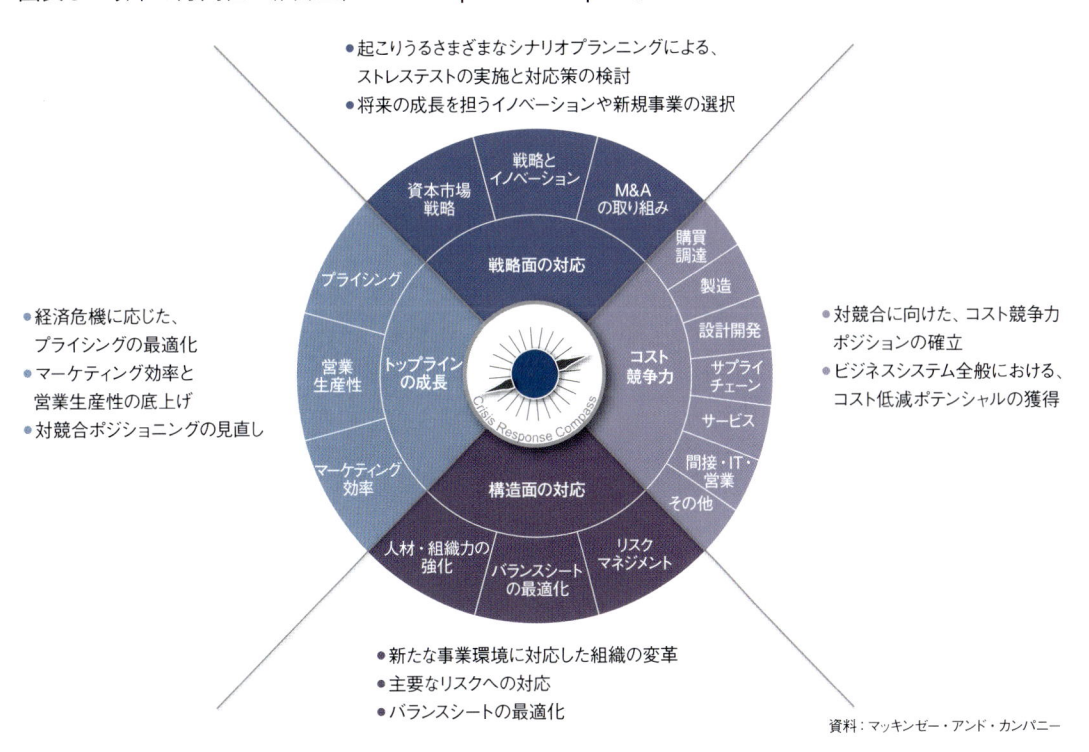

- 起こりうるさまざまなシナリオプランニングによる、ストレステストの実施と対応策の検討
- 将来の成長を担うイノベーションや新規事業の選択

- 経済危機に応じた、プライシングの最適化
- マーケティング効率と営業生産性の底上げ
- 対競合ポジショニングの見直し

- 対競合に向けた、コスト競争力ポジションの確立
- ビジネスシステム全般における、コスト低減ポテンシャルの獲得

- 新たな事業環境に対応した組織の変革
- 主要なリスクへの対応
- バランスシートの最適化

資料：マッキンゼー・アンド・カンパニー

の検証が重要となる。

　また、経営戦略の選択肢を検証する際、予想されるシナリオ別に、ストレステストを実施し、対応策を検討することが、変動の激しい環境では必須である。シナリオごとに、市場や新規の競合はもちろん、規制や技術革新なども含む事業に影響を与える要因（Forces At Work）を定量分析し、主要な変動要素が事業にもたらすインパクトと、次にどう舵をきるべきかを解析する。動向といっても、刻一刻と変わっており、グローバルに見た規制動向や、新興市場での市場動向の変化もダイナミックだ。いかに広がりがあり、具体的な先見性のあるシナリオを作れるかが鍵となる。事業にどのような影響を与えるかを先入観にとらわれず客観的な分析に基づいて捉えることが求められる。

　Forces At Workを他社よりも踏み込んで検証することにより生まれた施策として、次の

ような例も出てきている。不振が続く業界で他社が争って縮小路線を突き進もうとする中で、不振が続くコア・ビジネスから派生した今後の新たな収益分野に競合に先んじて逆張りの成長（Grow）を展開する動きである。また、バリューチェーン上の将来の付加価値と収益源を見極めて、現状のポートフォリオを縮小（Shrink）することで、より経営資源を有効に集中する動きなども例として挙げられる。ある欧米のベストプラクティス企業では、リーマン・ショック以降、徹底したポートフォリオ分析をきめ細かなマトリクスで頻繁に行い、利益を生む事業分野を狙うための機動力を高めている。

コスト競争力

　多くの企業でコストの改善が進められているが、前述のForces At Workを加味し、市場

において本質的なコスト面の強みを作りこむことが企業の競争力につながる。そうしたコスト面の強みは、機動力による強みと、構造的な強みの2つに大きく分けられる。

前者の機動力による強みとは、事業環境に応じて迅速に必要なコスト改善策を打ち出す力である。単発、一過性の取り組みではなく、コスト改善の取り組みを継続的に生み出すような仕組みが埋め込まれていることが肝要だ。例えば、改善の停滞を防ぐための、新しい視点からのチャレンジを促す活動や、近視眼的な数値達成だけに捉われない、低コスト体質を作るような活動やガバナンスが設計できるか。これらを担保することが今後の勝負の分かれ道となる。

一方、構造的な強みの典型例として、自社固有の競争力のある拠点ネットワークや、競合優位性のある協力会社との排他的な協業関係の構築などがある。いかに先行優位性を使った構造的に優位なポジションを確保できるか、追随する競合に対して、その優位性を維持するためにはどのような継続的な進化が必要となるのか、が鍵となる。

今、構造的なコストの優位性のあり方が変わりつつある業界もある。歴史的に、コスト競争力の視点からスケールを追い求めて成長（Grow）を主体に舵をきってきた企業が多く存在する業界で、これまでの前提が大きく変化する中で、機動性を伴った経営の舵きりで新たな構造的なコスト優位性を作り上げる企業の動きがある。例えば、世界的に競争の激しいある環境技術の業界では次世代製品でビジネスモデルとそれに伴うコスト・収益構造が激変することが予想される中、収益確保を狙ったバリューチェーンと地域をまたいだ成長（Grow）の動きが始まりつつある。また、別の例では、業界自体が構造的な不採算性に陥ることに競合が気付く前に撤退（Shrink）するといった動きも見られる。現状のような経済状況でも、コスト競争力を強みとしている企業の多くでは、現場のコスト改善力に加え、メリハリの利いた経営の舵きりを展開することで競争力を維持しているのである。

トップラインの収益力

優れた製品・サービスを提供しても、そのプライシングで収益上のインパクトを逸することもある。特に、新しい低コスト化の動きや新興プレーヤーなどによる業界変動が浸透し始めている環境で勝負する企業にとっては、これまで「いいもの」を作ることで売れてきたなかで、ビジネスの付加価値の源泉を理解したうえで収益につながるプライシングを実践することは大きな経営課題となる。

企業収益のプライシングによる影響度合い・感度を踏まえると、長年にわたる膨大な企業努力が、プライシングの失策により瞬く間に吹き飛んでしまうことが、特にB2Bのビジネスなどで起こりうることは周知のとおりである。プライシングの構造や水準が、顧客への付加価値に合致し、事業のリスクを適正に反映したものになっているか。また、B2Bのビジネスにおいて、価格決定の判断やプロセスを現場も含めて実質的に統制できているかどうか。多くの付加価値を生み得るプロジェクトが、現場での値引きによって、企業全

体の収益を大幅に逼迫してしまうこともある。

　また、顧客のカバレッジの向上を目指すうえでは、将来を見据えた重要な顧客を選別し、その囲い込みの強化ができているか、マーケティングやチャネルの効率性を能動的に見直しているか。さらに市況の低迷している業界では、他社の弱体化を突いた、顧客奪取の動きも視野に入れる必要がある。

　こうしたトップラインの側面の検証から、これまでのやり方では利益の保てるプライシングやカバレッジは困難だと悟り、新たな成長（Grow）や縮小（Shrink）に舵をきることもある。

　例えば、「モノ売り」が基点となっている多くの業界では、技術とコストの熟成が進めば、次第にサービスやソリューションを主眼としたビジネス形態へと移ることが多い。その大きな要因としては、モノとしての製品だけを売っているのでは、業界の熟成期には利益の取れるプライシングが非常に困難になることが挙げられる。顧客や市場が製品のコストやプライシング構造を詳しく理解するなかで多くの利益は望めない。そうした局面で、サービスやソリューションに転換することで、具現化されたコストのみでない付加価値をプライシングに付与し、利益を確保する可能性も飛躍的に高まる。事実、B2Bビジネスで高利益率を確保してきた多くの欧米の企業戦略の背景にはプライシングの課題を機軸に置いた検証がある。

構造面での対応

　不安定な経済下では、ビジネスが直面しているリスクへの対応が死活問題となってくる。事業のリスクを把握し、管理できているか否かが企業の力の差に直結することが多い。どのような市況の変化が事業にとって大きなリスクとなるのかを理解しているだろうか。変化とリスクの相関を把握していれば、変化が現実のものとなったときに早急に対応できるが、把握していなければ壊滅的なダメージを受けることになる。

　特にリーマン・ショックの際には、この点で企業間の差が際立った。例えば、あるグローバル企業ではリスクの管理を活発に展開するなかで景気変動への対応策は準備されていた。しかし、企業によっては、それまで続いていた成長に慢心し、成長路線に関する検証で手一杯になっていた。結果的に、そうした企業の多くは、景気変動後、早期に打ち手を見出せないまま、混乱する現場の状況の把握に時間を費やすことになった。特筆すべきことは、しかるべき手法と経営の留意があればリスクにより迅速に対応できるということだ。

　また、こうしたリスクを察知することから経営判断の大きな舵を取る例も珍しくない。例えば、現状は好調な事業であっても将来的に自社ではカバーしきれないリスクが存在することがわかれば、現状のパフォーマンスの評価に重きを置く企業への部分的な事業の売却や事業パートナーとしてアライアンスを組むこともできる。当然ながら、アライアンスが成り立つ背景にはこうしたリスクの見方の違いがあることも多い。

　さらに、変化する環境と戦略の中で、企業の組織体制の面でも検証が求められる。生き残るためにどのような経営ガバナンスが必要か。例えば、スピード感が増す競争環境の中では、従来の意思決定のやり方で競争に勝てるのか、どのようなガバナンスが必要なのかを確認する。

　また、グローバル化する事業領域を伴う場合、言語や文化の異なるグローバルでの統制を担保するうえで、企業運営の組織化や標準化といった面で問題はないか。人材育成、グローバルでの経営人材の確保をはじめ、何が必要かという検証も不可欠である。そしてさ

らに、今後の重点事業や機能に合致した組織体制や人員配置などの体制作りをタイムリーに進められているかを確認する。

ここまで、改革の方向を検証するための4つの視点——戦略面の対応、コスト競争力、トップラインの収益力、新しい戦い方に対する構造面での対応——について述べてきた。

実際の検証作業では検討項目をきめ細かく設定していくことになる。4つの視点のそれぞれについて、正確に自社の状況を把握し、そのファクトと社内外の知見を結集して、客観的に課題を議論・理解した上で、自社が進む方向や優先施策を検証する必要がある。長年、先の見えない改革を続けていては疲弊感が組織に蔓延するリスクがある。方向性を明確に持ち、将来の成長とその道筋が鮮明に共有されれば、それは変革の原動力となる。

次の項では、改革の方向を検証するための4つの視点の中でも、今、多くの企業で注力しているコスト競争力について、検証のポイントを例として詳述する。

「コスト競争力」を検証する

改革の基盤となるコスト改善

コスト競争力の側面は、製造から調達購買、設計開発、販売・サービス、さらにITインフラまで検討の範囲は広く、どこが重要な課題であるかは、業界の動向や自社のこれまでの取り組み、および競争環境から、企業によって大きく異なる。つまり、ベストプラクティスの単純な応用や他社の追随といった受動的な取り組みでは、その企業に合わない誤った方向への改善になりかねず、自社の状況に合った能動的な施策を検証する必要がある。

また、コスト・マネジメントで最近成功している多くの企業では、進化した斬新な改善の動きを展開している。例えば、これまでの活動と一線を画するほどの徹底した取り組みで従来の2倍以上の成果を出しているケースもある（図表6）。

こうしたケースでは、従来の延長上の取り組みからの効果は約4割程度で、残りの6割の効果はこれまでの前提を抜本的に見直した取り組みから得ている。また多くの場合、購買調達から営業販売にいたるまで機能・部門の枠を超えて、全社横断的に一丸となった体制で、ビジネス・システム全域でコストの背景にある課題を抜本的に洗い出し、改善策を打ち出す。従来の枠組みや前提を超えた、コスト・イノベーションともいえる取り組みを展開しているのである。

では、具体的に自社に合う、競争力が付与される施策を設計するうえでどのようなポイントが重要となるのか。誌面の制約から概説となるが、2つの通常大きな効果をもたらす改善分野（購買調達、間接業務）についての検証のポイントの例を解説する。いずれの例でも、いかに個別部署・部門を超えた企業全体としての取り組みが大きな効果を生むためには重要かが理解できる。

間接業務における改善

いまや大半の企業が間接業務の改善に取り組んでいる。しかし、企業によってその巧拙の差が開きつつある。うまくいかない典型例は、目標の号令のみで人員削減を実行し、間接業務が減らないまま間接人員のみが減り、「見えない化」された間接業務をこなすために多くの直接部門が間接機能の役割を担い、組織力が弱体化してしまうというものだ。

特に、企業という大きな組織を前提とした場合、「業務量」の視点が重要となる。すなわち、現場の業務の内容や量を抜本的に検証し、

各機能部署の役割を再定義し、業務プロセスなどの見直しなどを伴う改善を遂行することが有効となる。業務そのものの非効率はもちろん、業務の重複や、受益者が本質的には必要としていない業務がどれほどあるのかを理解し、その業務に掛けている工数を理解することが基本だ。そして、いかにその業務を取り除くか、または軽減するかが鍵となる。多くの場合、現場は「忙しい」というのが現実であり、こうした業務量の削減を基点にした取り組みでないと間接業務の効率はむしろ悪化しかねない。

そして、そうした改善では、組織全体で共有できる成長や将来の姿などの改革の目的を明確にすることが肝要だ。数値のみを強調することで、長期にわたる取り組みの中では組織として疲弊し切ってしまう企業も少なくない。沈滞した空気を払拭し、改善の弾みをつけるうえでも目指すべき姿を明示することは不可欠である。

今、多くの企業では、成長を目指し、組織を活性化するために限られた経営資源である人員を再配置する動きが活発化してきている。直接機能と間接機能の壁を可能な範囲で取り払い、部門・部署間の垣根を越えて人材を活用する動きが増えている。個々の人材が活きる、コスト改善が重要となる。

購買調達による改善

各企業はこれまで購買調達に関して多くの改善活動を行ってきたが、今、それが奏功し

図表6　コストマネジメントの例— 改善効果の60％以上は「これまでの前提を見直した変革」から生まれた

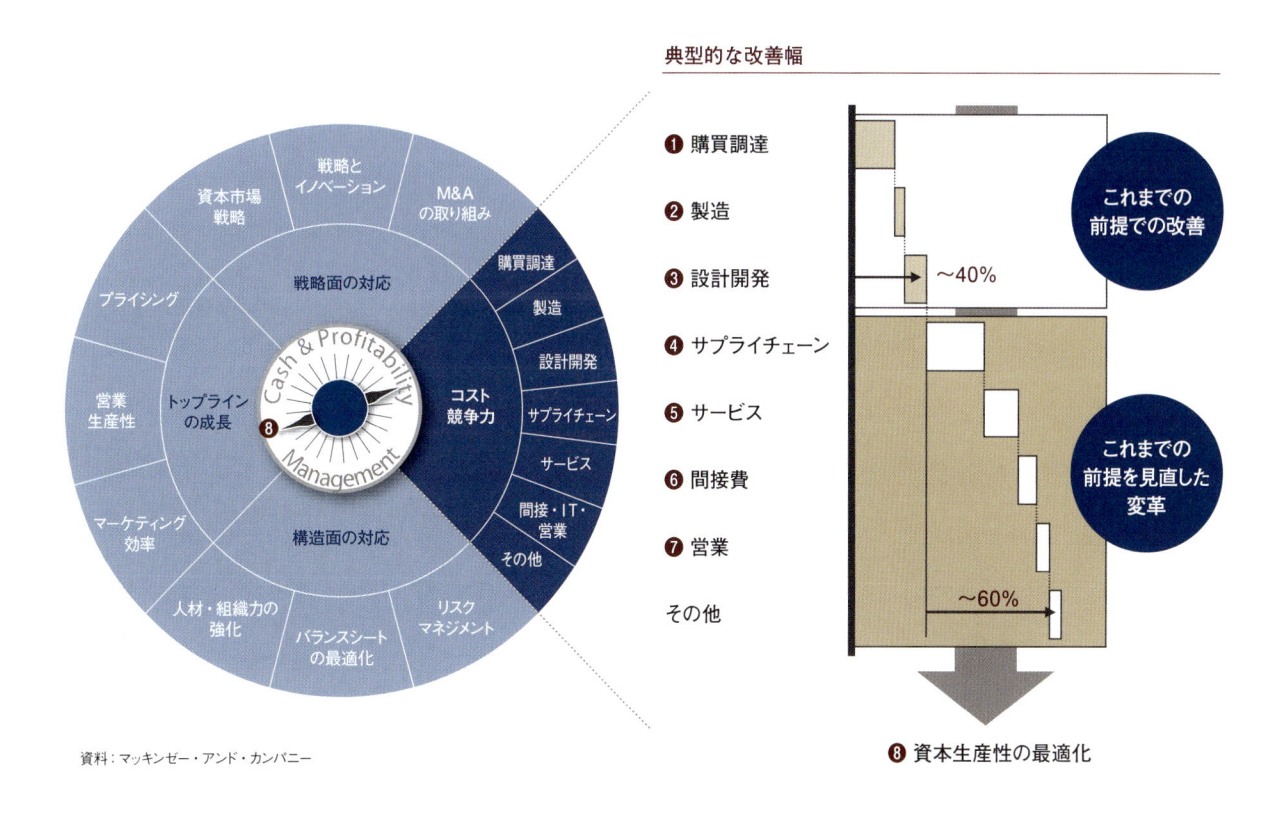

資料：マッキンゼー・アンド・カンパニー

ている企業の多くは、従来の単価低減にとどまらず、一段と徹底した、アプローチを採っている。

設計をはじめとする購買調達以外の部門との連携や、市場ニーズに合った仕様とコストのバランスの明確化。また、Design-To-Costなど、コスト低減を目指した設計・仕様変更や、部品点数の削減による本質的な購買調達コストの低減……。従来から取り組んできたこうした活動においても、成果を出すには革新的な手法が必要になっている。その革新の例は多数挙げられるが、市場ニーズをより正確に理解することによる飛躍的なコスト・トレードオフの発掘や、進化する「情報戦」の先を行く洗練されたコスト分析や交渉ロジックなどがある。こうしたオペレーション上のイノベーションが次の効果のSカーブの源泉となっている。

また、多くの企業で、購買調達の組織力の強化が大きな改善をもたらしている。担当者のスキルのバラつきによってコスト改善機会の取りこぼしが目立つ企業は、この点を特に注視する必要がある。あるべき単価の分析・検証や交渉などが属人的に行われていないか。社内に存在するノウハウ・情報が一元管理され、活用されているのか。

マッキンゼーの購買調達グループの研究では、本質的に効果に直結する強化すべき現場スキルの属性は30を超えることが判明している。個々の人員のスキル育成に組織として取り組むことで購買調達のパフォーマンスを底上げする視点が重要だ。

こうしたコスト改善に加え、購買調達は、ビジネスの強化でも大きな役割を担うものであることも忘れてはならない。

例えば、ビジネスのアイデアやイノベーション自体の調達だ。製品・サービスのコンセプト作りの段階からサプライヤーをはじめとする他社と協働し、他社が有するアイデアや、製品・サービスを組み合わせたり、統合したりすることで、新たなイノベーションを創出するのである。

こうした「イノベーション調達」の事例は、実際に増えており、日用品や電化製品などの消費財では世界的なヒットとなったベストプラクティスも生まれている。

購買調達の改善は、これまでも取り組まれてきたが、組織としての購買力のレベルアップや業界・機能横断的な協業の強化へと、企業としての取り組みは進化している。

今こそ、成長に向けた仕込みを

昨今、事業の縮小や撤退などが頻繁に話題に上るが、経済状況の厳しいときこそ成長に向けた仕込みと活動が重要になる。改善活動や事業の絞り込みなどから得た、成長への経営の原資をいかに活用するのかが、今後の勝敗を大きく分けるだろう。

これは、利益と規模の両面で成長のための縮小（Shrink to Grow）を積み重ねてきた、今日のグローバル企業の歩みから得る教訓でもある。

ここで紹介した「Crisis Response Compass」というフレームワークは、成長（Grow）と縮小（Shrink）の改革の方向性や施策を検証・確認し、企業が生き残り、成長へ向かうための羅針盤となる。

変化する環境の中で、これまでの戦い方を続けて衰退していく企業も出るであろうし、能動的に事業モデルを進化させて大きく成長する企業も出てくるであろう。今こそ経営陣に将来を見据えた舵取りが求められている。変局点に立つ多くの企業が、確かな判断の材料を持ち、将来を見据えた意思決定によって発展と成長に至る改革を遂行されることを期待したい。

Interview

日本電産 代表取締役社長

Nagamori Shigenobu

永守 重信

インタビュアー
本田桂子＆編集部

▶ 特別インタビュー

不況というチャンスに人材、技術力を取り込み成長を加速させる

text : Ichiro Sakazume / photo : Hideji Umetani

「情熱・熱意・執念」「知的ハードワーキング」「すぐやる、必ずやる、出来るまでやる」の三大精神に集約される経営哲学をベースに、果敢なM&A戦略を展開する永守重信社長。不況だからこその利益率倍増プロジェクトを成功させ、赤字企業を再生させるカギは、叱って社員の士気を高める本気のコミュニケーションにある。

業界の地殻変動は決まって不況期に訪れる

2008年のリーマンショックは、世界経済に重大なダメージを与えた。日本電産グループにおいても例外ではなく、その直後は一瞬ながら売上高が半分に落ち込むなど、大きな痛手を被った。現在も日本の基幹輸出産業である自動車、家電を中心に企業業績の低迷が続き、失業率の増加、新規雇用者の減少など、景気の先行きは不透明だ。経営者仲間からもため息交じりのコメントを聞くことが多い。

不況、景気悪化は、企業経営を蝕み、経営者を追い込む。それが一般的な見方であろう。しかし、私はそうは思わない。不況、景気悪化は、"大歓迎"である。奇をてらっているわけでも、負け惜しみを言っているわけでもない。事実、日本電産は創業間もない頃にオイルショックに襲われて、いち早く海外市場に活路を見出したときから、不況をバネに成長を遂げてきたのである。

なぜ、不況大歓迎なのか。それは、不況期にこそ下克上が可能になるからだ。下克上が可能になる、すなわち業界シェアに変動が起こるということである。この地殻変動は、決まって不況期に訪れる。好景気のときに変動が起こることはまずない。

その理由は簡単だ。第1に、不況時は優秀な人材の確保が容易になる。大手企業が採用を手控えるため、それまで大企業に流れ込んでいた人材を雇用できる可能性が高くなる。また、大企業からの人材流出が増えるのも不況期で、日本電産でも昨年1年間で大手のメーカーや銀行から300人以上の人材を中途採用するなど、昨今は完全に逆流現象が起きている。

さらに、不況期は各社とも経費節減のために購買を値切ってくる。応じなければ他社に乗り換えられてしまうから、ある程度応じざるを得ない。そうなると、体力勝負となり、体力が弱い企業は淘汰されてしまうのである。

そのような状況下で、苦しいながらも勝負に打って出る企業、常識を打ち破った改革を推し進める企業が上位企業のシェアを奪い取る。そうやってシェアは変動していくのだ。逆に、好景気のときは、各社の差があまりつかないので、シェアはほとんど動かないというわけである。

不況期こそ変革期と捉えるなら、経済全体が停滞している今こそチャンスの時である。経済状況が厳しいと嘆くのではなく、ここを絶好機とばかりに果敢に策を打って出る企業が、新たな突破口を開くことができるのだ。

不況期だからこそ成功したWPRプロジェクト

2009年度、日本電産グループは「クラッシュに立ち向かう」を上半期の経営方針として掲げ、WPR（ダブル・プロフィット・レシオ＝利益率倍増）プロジェクトをグループの総力をあげて推進している。このプロジェクトも、未曾有の大不況を経営体質改善の絶好のチャンスと捉えることから出発している。

WPRプロジェクトでは、売上高の水準がピークに近かったクラッシュ直前の2008年度第2四半期の水準に対して、売上高が半分になっても黒字を維持し、75％回復で元の利益率に到達、ピークレベルまで回復すれば、ピーク時の2倍の利益率を達成することを目標としている。

2008年度第4四半期こそ、プロジェクト開始当初ということもあり目標を大きく下回ったが、2009年度第1四半期、第2四半期はガイドラインを達成し、利益率の大幅向上を実現した。

永守重信 ながもり・しげのぶ

PROFILE
1944年京都府生まれ。67年職業訓練大学校（現・職業能力開発総合大学校）電気科卒業。73年、28歳で日本電産を設立し、代表取締役社長に就任。80年代後半から駆動技術に特化した事業の強化・拡大に向け、M&Aをはじめ積極的な海外への事業展開を進めている。日本電産グループ直系20社、並びに日本電産サンキョー、日本電産コパル、日本電産トーソク、日本電産コパル電子、日本電産サーボ、日本電産リード等、グループ上場会社の代表取締役会長等も兼務する。グループ従業員数は約10万人。

Interview
Nagamori Shigenobu

　WPRプロジェクトは、台所事情が苦しくなったときにどこでも行うような経費節減運動ではない。設計の仕方から製造方法、販売方法まで徹底的に見直し、収益構造を抜本的に変革するものだ。

　この改革を支えているのは、1年間で5万件も寄せられた社員からの改善提案である。リーマンショックに端を発するクラッシュに全社一丸となって改革に取り組んでいるのだ。

　売上高が約半分まで落ち込んだ2008年度第4四半期には、従業員の賃金を5％カットするという苦渋の決断をせざるを得なかった。しかし、この苦境を一人もリストラすることなく乗り切れたのは、全従業員の努力のたまものである。そしてWPRプロジェクトが順調に推移していることから、この調子なら従業員への借りを全額返済、それも大きな利子をつけて返すことができそうである。

　売上高と営業利益がピークを迎えた2008年度の第2四半期、営業利益率は11.8％に達した。その水準に到達するまでには長い年月がかかったが、WPRプロジェクトを開始すると、2009年度の第2四半期は、売上高の回復率は前年同期比76％だったのに対し、営業利益率は12.4％という数字を実現することができた。営業利益率という指標で見ると、長い時間をかけて到達した数字を、わずか1年未満の時間で超えてしまったのである。

　この事実ひとつ取ってみても、不況期こそチャンスだということがわかる。人間、追い込まれたときに知恵を絞り出すことができるのである。私流にいうなら、「潜在能力が限界まで発露される」ということになる。

　その意味からいえば、WPRプロジェクトは不況期だからこそ成功したといえるだろう。もし、好況期に社員に負担を強いるようなプロジェクトを強引に推し進めたら、優秀な人材は他社へ流出してしまったかもしれない。他社も同じように苦しい不況だからこそ、踏みとどまって必死に努力してくれた。

　まさに不況は私にとって、天恵なのである。企業基盤を固める絶好機であり、社員たちの士気と団結を高めることにつながるのだ。そして、このチャンスを最大限に生かせることが、日本電産グループの強みであるといえよう。

M&A戦略において最も重要なのは「技術力」

　私たちが積極的にM&Aを仕掛け、そして買収した企業を短期間で再生してきたために、私を企業再生のプロのようにいうメディアもある。実際、銀行などから「この会社を買ってくれませんか」と打診されることも多くなっている。しかし、いうまでもないことだが、どんな企業でも再生できるわけではない。金融機関から紹介を受けても食指が動くのは、ほんの一握りだ。

　日本電産は創業以来「回るもの、動くもの」であるモータをコア事業にしてきた。中でも、最も得意なのが「ブラシレスDCモータ」であり、そこからモータの応用製品などに展開している。したがって、M&Aで求めるのは、コア事業を展開するうえで必要な技術力、人材、マーケットということになる。ただ単に多角化して規模を大きくしていくことは考えていない。

　欲しい会社は極めてはっきりしている。最も重視するのは「技術力」だ。高い技術力を蓄積するには、長い年月がかかる。最低でも10年、場合によっては15年、20年はかかる。われわれがM&Aを行っているのは、その技術力が欲しいからにほかならない。言い換えれば、技術力を蓄積する"時間を買う"ということである。

　コア技術周辺の技術力を求めているため、対象となるのは日本電産の競合企業、あるいは自社製品に関する技術を持つ企業であることが多い。自社製品と比較してみると、技術力のレベルがはっきりわかるからだ。いい製品をつくっているのに、業績がふるわない。経営がうまくいっていない。そうした企業が候補となるわけである。

専門チームがチェックするが最後は自分の勘で決める

　M&Aの対象とする企業は、私が独断で決めているわけではない。東京にM&A担当の副社長を責任者とするM&A専門チームがあり、金融、投資、法律、会計の専門家が様々な情報分析および検討を行い、これはという企業をピックアップ

している。

　また、われわれがM&Aを成長戦略の一環としていることがよく知られ、金融機関などから打診されることも多くなった。

　そういう中から候補が絞られ、社内のM&A決定委員会で審議が行われ、最終的に私がジャッジを行う。このように、様々な観点から検討・点検を行う仕組みを社内につくり上げ、デューデリジェンス（投資対象の厳格な査定）も行っている。

　だが、最終的に私が判断のよりどころにしているのは自分の勘である。勘というと非科学的で経営手法として説明できない部分なのだが、経験則から身につけた独自の嗅覚とでもいえばいいのだろうか。実際、決定委員会で満場一致でゴーサインが出た企業より、少なからず反対がありながら結果的に私が押し切ってM&Aに踏み切った企業のほうが好成績をあげている。

　また、ある案件では、デューデリジェンスで査定した債務以外に、隠れ債務が300億円あることが発覚した。このときも、旧経営陣との話し合いの席で、私は「公表されている以外にも3本くらい赤がありますね？」と尋ねた。その場では、「そんなにはありません」と先方は答えたが、後で「内部通報者がいるのではないか。どうして正確な数字まで知っているんだ」と大騒ぎになったようだ。デューデリジェンスではわからなかった隠れ債務を、長年培ってきた勘がぶり出したのである。

　科学的分析や集団での討議はきちんと行い、その結果は最大限重視する。だが、行くか行かないかという最後の決定だけは、自分の中に響く声に耳を傾ける。

業績悪化の原因はどこも共通している

　これまで買収してきた企業はいずれも高い技術力を持った企業であるが、会社を選ぶ際は、大企業の子会社であるか、地方の名門企業であることを一応の条件にしている。共通点はどちらも優秀な人材が揃っているということだ。大企業の子会社は大企業ブランドで人材が集まるし、地方の名門企業にはその地方の優秀な人材が集まる。

　そうした企業は、高い技術力と優秀な人材を持ちながら、何らかの要因によって業績が低迷しているわけだが、企業が業績を悪化させる理由はだいたいいくつかに絞られる。

　同族による放漫経営が行われているか、労働組合が強い権力を持っているか、あるいは派閥による社内抗争があるか、情実人事が横行し、社員のモチベーションが低下しているか。そんなところであろう。そのために、高い技術力を持ちながら、生産性が著しく低下し、業績が悪化しているのである。

　裏を返せば、もともと高い技術力と優秀な人材が揃っているのだから、業績を悪化させている原因を取り除きさえすれば、たちまち赤字から黒字へ転換させることができる。

　重要なのは技術力、次いで人材であり、業績が低迷している原因はそれほど問題ではない。技術力の低い企業に高い技術力を植え付ける困難さに比べれば、すばらしい製品をつくるポテンシャルを持ちながら生産性の低い企業を再生するほうが容易なことなのだ。

赤字企業の再建は自前で行わせる

　企業再生の秘訣は何かとよく問われるが、何も魔法を使っているわけではない。当たり前のことを当たり前にやっているだけだ。

　買収された企業の経営陣や社員は、大きな不安を持っている。最大の不安はリストラだろう。だから、私はまず初めに次のように約束する。

・吸収合併はしない
・ブランド名は残す
・経営陣の交代はせず、自主経営を認める
・リストラは行わない
・ただし、再建がうまくいったあかつきには、社名に「日本電産」の冠をつけさせてもらう

　要するに、現経営陣を首にして日本電産（当社）から役員を派遣し、リストラによって経費削減をはかるようなやり方はしない。プロパーの登用によって自主再建を促す。指導のために何人か、当社の社員

Interview
Nagamori Shigenobu

を派遣することはあるが、その場合も出向という形をとり、1〜2年後に再建が終わったら当社に戻す。「ここはあなた方の会社なのだから、自分たちで再建をしてください。応援はしますが、乗っ取るわけではありません」ということなのである。

企業再生のポイントはルールを明確にすること

自主再建を成功に導くカギは、一にも二にも社員の士気を高めることだと考えている。しごく真っ当なことだと思われるかもしれないが、情熱・熱意・執念をいかにして社員に持たせるか。すべては、そこにかかっている。

私の持論だが、人の能力差はせいぜい5倍程度までである。しかし、やる気は人によって100倍もの差がつく。したがって、たとえ能力が劣っていても、やる気を高く引き上げれば、たいがいのことは互角以上に勝負できるのである。たとえていうなら、将棋の歩と金だ。最初は能力に差はあるが、歩も突き進めば「と金」になれる。

業績が悪化した企業でも、「歩」の社員を「と金」にすれば、業績は必ず好転する。そのためにまずやるべきことは「ルールの明確化」であろう。業績悪化の原因が、オーナーによる会社の私物化であるにしても、派閥抗争であるにしても、あるいは組合の専横であるにしても、一般社員が不満に感じているのは、不明確なルールによる情実人事、好き嫌い人事である。明らかに能力が低くやる気がないのに上の人間との親密さによってポストが与えられる。あるいは、数字を上げているのに賃金に反映されないなど、ルールが明確になっていないから、社員の不平不満が募り、モチベーションを削いでいく。

M&Aを行い日本電産グループに入った企業に対しては、徹底的にルールの透明化を図る。たとえば、役員報酬は営業利益率に連動する。営業利益率が上がれば、報酬は上がり、下がれば報酬も下がるという単純明快なルールだ。

一般社員は、世間の相場や生活もあるので、毎月の給与は基本給をベースにしているが、ボーナスは役員同様、営業利益率に連動する。つまり、成果をあげれば報われるというルールを明確化したのである。

モチベーション向上のカギはコミュニケーション

私が社員を厳しく叱るということが、広く世間に知れ渡っているようだ。それは事実である。社員が期待どおりに働かない、成果をあげられないとなれば、私は躊躇なく、叱責する。

だが、もちろん叱りっぱなしというわけではない。十叱ったら、必ず一ほめる。母親が子供を叱りつけても、最後にぎゅっと抱きしめれば子供は安心するように、厳しく叱りつけた後きちんとフォローすることが大切だ。そもそも叱責は期待の裏返しであり、コミュニケーションである。関心のない相手を叱ることはない。

叱責の対象となるのは、主に幹部クラスや、私の周りにいる社員

ということになるが、そうしたコミュニケーションをとることができない従業員に対しても、極力接点をつくる努力は怠っていないつもりだ。

常に、各地のグループ会社をまわり、そこの幹部社員や一般社員たちと食事をともにし、話を聞いている。そこで「何か言いたいことはないか」と聞くわけだが、そこで聞いた話が重要な改善、改革につながることも少なくない。

たとえば、あるグループ企業の購買部長と話をしていたときのことだ。私は「なぜ、こんな高い値段でガソリンを買っているのか」と尋ねた。すると、購買部長は「値切っても、給料が上がるわけでもないし、むしろ叱られますから」と答えた。聞けば、ガソリンの購入価格を値切ったとき、社長に「どうして同じ地域の企業をいじめるようなまねをするんだ」と叱責されたという。おそらく社長は、地元のロータリークラブか何かで、相手企業の経営者にこぼされでもしたのだろう。

その話を聞いて、私は「そうか、今度からは購入価格を抑えたら、給料に反映させる」と約束した。実際、ガソリン購入価格を2円引き下げたときには、その成果を報酬に反映させた。

重要なのは、すぐに手を打つことである。変えなければいけないと思ったら、検討や議論など飛ばして、すぐに行動に移す。その決断とスピードに、社員は経営者の意気込みと本気を感じるのである。

匿名投書への返答と6000通の年賀状への返信

グループ各社の社員は、私宛に匿名の投書ができる仕組みをつくっている。毎月50〜60通の匿名投書がやってくるのだが、私はその一通一通に返事を出している。どこの誰が書き、誰に戻っているかはわからないが、これも社員との重要なコミュニケーションのひとつだ。

同じ内容の投書が何通も来るようなときは、社員集会で「こういう投書が来たのだが、重要なことなのでみんなの前で回答します」と全員に向けて語ることもある。

また、毎年6000通以上の年賀状が社員から送られてくるが、1カ月ほどかけて、そのすべてに返事を書き送っている。もちろん自筆で、相手に応じて内容は異なる。たとえば、「去年、きみが開発したモータのノイズがよみがえってきて、夜も眠れない」と小言めいたことを書くこともある。

それでも社長が自分を見てくれていると知ることは、うれしくもあり、やる気も高まるだろうと思う。私自身、サラリーマンだった若い頃、そうだったからだ。雲の上の存在と思う社長に名前を覚えられ、声をかけられることがどれほどうれしいことか。それだけで日々の苦労も吹き飛び、やる気がみなぎったものである。

だから、私もできる限り、社員に対してそのような機会をつくりたいと考えている。そのためには、多数の社員の顔と名前を覚え、エピソードを記憶しなければならず、正直言って大変だが、こうしたコミュニケーションが、社員が潜在能力を百パーセント発露してくれる契機になると信じている。

2012年までに売上高1兆円、2030年世界ランキング50位

日本電産グループの成長戦略ははっきりしている。自力による成長が50％、M&Aによる成長が50％。これまでもそうしてきたし、これからもその方針でいくつもりである。

成長目標は、直近では2012年までに売上高1兆円の企業グループになることを掲げている。1兆円の規模は、グローバルで闘っていける最低限の売上高だと考えている。数千億円規模では、この大競争の時代、勝負にならないのだ。

そして、2017年には売上高2兆円、時価総額5兆円、2030年には売上高10兆円、世界企業ランキング50位以内に入ることを目指している。

2030年の目標については、まだ大ボラの段階だが、大ボラから中ボラへ、中ボラから小ボラへ、そして小ボラから変化して夢になる。夢になれば、もう実現は目の前だ。いずれにせよ、大ボラを吹くから夢に向かっていけるのであって、不況で厳しい経営環境にあるときほど、高らかに大ボラを吹き、士気を高めて全社一丸となって進んでいきたいと考えている。

Think! 別冊 好評発売中

シンク！別冊 No.1

一流の思考力

Think!バックナンバーから「思考」に関する
特に評価の高かった記事を厳選。
ビジネスパーソン必携の保存版！

主な執筆陣

齋藤嘉則	ビジネスコラボレーション	杉田浩章	ボストン コンサルティング グループ
御立尚資	ボストン コンサルティング グループ	鈴木敏文	セブン＆アイ・ホールディングス
細谷　功	ザカティーコンサルティング	石倉洋子	一橋大学大学院
内田和成	ボストン コンサルティング グループ	三品和広	神戸大学大学院
遠藤　功	ローランド・ベルガー	照屋華子	コミュニケーション・スペシャリスト
菅原　章	マッキンゼー・アンド・カンパニー	池谷裕二	東京大学大学院
田村誠一	アクセンチュア		

ISBN978-4-492-83029-1
1,050円（税込）

シンク！別冊 No.2

20代で鍛えておきたい「思考」の基礎体力

Think!バックナンバーから、特に20代ビジネスパーソンの
思考力・仕事力向上に役立つ記事を厳選。
一冊で一生役立つ「基礎」が身につく保存版！

主な執筆陣

Special Article	藤巻健史＆藤巻幸夫		Communication	照屋華子 コミュニケーション・スペシャリスト
Thinking	苅谷剛彦 東京大学大学院教授			岡田恵子 タワーズペリン
	加藤昌治 大手広告会社勤務			船川淳志 グローバルインパクト
How to Study	御立尚資 ボストン コンサルティング グループ		Business Skill	杉田浩章 ボストン コンサルティング グループ
	本田直之 レバレッジコンサルティング			田中靖浩 公認会計士
	勝間和代 経済評論家／公認会計士			

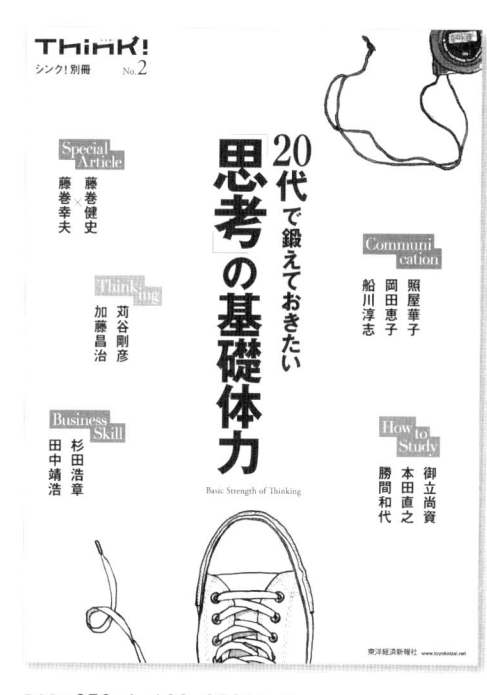

ISBN978-4-492-83031-4
1,050円（税込）

東洋経済新報社　http://www.toyokeizai.net/

ホームページ「東洋経済オンライン」では、弊社刊行物の情報がご覧頂けます。　〒103-8345 東京都中央区日本橋本石町1-2-1　TEL 03-3246-5467

PROFILE

岡﨑 健 （おかざき・たけし）

マッキンゼー・アンド・カンパニー
プリンシパル

1965年大阪府生まれ。京都大学経済学部卒、カリフォルニア大学バークレー校MBA。日本長期信用銀行を経て、1998年マッキンゼー・アンド・カンパニー入社。銀行、証券、保険、ノンバンクなど金融機関を中心に、全社・事業戦略策定、組織変革、オペレーション改革など幅広い経営課題解決に従事。アジア・パシフィック金融プラクティスのリーダーの1人。

不況期が生み出す
金融ビジネスのブレークスルー

金融ビジネスの新たな飛躍の種は不況期に蒔かれる。
厳しい経営環境だからこそ取り得る戦略オプション、
逆境を契機とした新しい組織スキルの構築、
ゲームのルールの構造変化への対応など、
不況期の経営を考えるフレームワークを提示し、
ブレークスルーを生み出す取り組みの仮説を例示する。

photo: Hideji Umetani

不況がチャンスをもたらす

　2007年に端を発したサブプライム危機以降、世界経済は景気後退期に突入した。回復を示す経済統計も出てきてはいるが、まだまだ実感と合わないというのが大方の反応だろう。世界経済が内包する様々な不均衡、危機的な各国政府の財政状況など視界を遮る不確実要因が将来予測を難しくし、不況からの出口を見出し難くしている。

　金融ビジネスの範囲は、資金供給、資産運用、市場仲介・流動性提供、決済など多岐にわたるが、いずれも経済活動の活発さや景況感の影響を強く受ける。好況期の経済がもたらす旺盛な資金需要や決済活動、強気の投資家心理に基づく積極的なリスクテイクなどは金融ビジネスの糧であり、業績を押し上げる。

　一方、現在のような不況期では、これらが逆に出て、まず、新規貸出や手数料ビジネスなどフロー収益が急減する。また、不況が深刻化すると不良債権や保有証券価格の低下が金融機関の体力を消耗、貸出余力やリスク受容度低下の悪循環に陥る。性質が悪いのは、これらがさらに実体経済の資金循環を悪化させ不況を長期化させることである。こうなっ

図表1　銀行業界の収益性の推移（米国の例）

米銀1,292行を対象とした加重平均ROE（Return on Equity）1960〜2008年

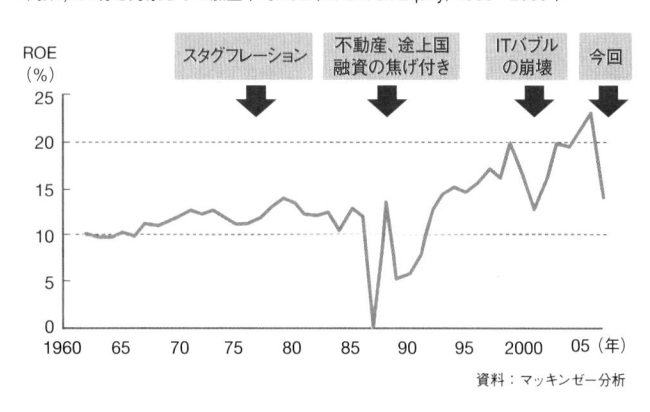

（スタグフレーション／不動産、途上国融資の焦げ付き／ITバブルの崩壊／今回）

資料：マッキンゼー分析

てくると、多くの人々が底なしの悪循環が続くような悲観論に傾くのが常である。

ただし、過去、不況期の厳しい経営環境が金融ビジネスのブレークスルーを生み出し、次なる発展につながる土壌を形成してきた事実を見逃すべきではない。新しい飛躍の種は不況期に蒔かれるのである（図表1）。

例えば、1970年代後半の米国は、激しいインフレを伴う景気後退に直面した。それまでの米国金融界は、預金調達と企業向け貸出を主とする商業銀行業務がビジネスの中心であったが、この時期に進んだ金利上昇が、MMFやCPなど運用商品の相対的魅力度を高め、銀行を仲介しない資金調達が定着、直接金融化が一気に進んだことはよく知られている。

また、インフレが、消費者の借入れに対する抵抗を弱めた結果、クレジットカード業務が急拡大するなどリテール金融ビジネスの様相が大きく変化し始めたのもこの時期だ。

次の不況期、1990年頃の米銀は、不動産バブルの崩壊や途上国向け融資の焦げ付きから資本不足に陥り、自行のバランスシートを使った貸出が難しくなった。ところがその結果、シンジケート・ローンの一般融資への拡張、セカンダリー市場におけるローン売買など、その後のクレジットビジネスの土台となる変革が進むこととなったのである。

また、合理化の一環として進められた従来型支店や従業員の削減施策が、結果的に、ATM、ダイレクトバンキング、セールス特化型ミニ店舗の普及につながり、その後のリテールサービスにおけるチャネル戦略の新しい常識を生み出した。

試行錯誤を続ける挑戦者にとって、厳しく深い不況期こそがこれまでの成功者の優位性を崩し、新しい変化の流れをつかみ主導するチャンスをもたらす時期なのだ。

不況期の経営を考えるフレームワーク

図表2は、不況期において、将来につながる施策を生み出すための経営視点の例を示している。大きく、現在の業界競争構造が継続することを前提とする視点と、構造変化を先取りする視点の2つがあり、前者はさらに、不況期だからこそ取り得る戦略オプションを推進するという視点と、逆境を契機に新しい組織的スキルを構築するという2つの視点に分けられる。

不況期だからこそ取り得る
戦略オプションを推進する

　不況期には、通常ならフィージビリティが低い戦略オプションが実現可能になることがある。競合プレーヤーの財務状況の悪化、人材市場の需給の変化、商慣行や業界の常識の変化などが、滅多に訪れないチャンスを生み出すケースだ。

　もっともわかりやすいのは、「逆張りM&A」(ターゲットに対する一般の企業価値評価が下落している時を捉えて実行するM&A) だろう。2008年の金融市場の混乱の最中、野村證券が破綻したリーマンブラザーズの欧州・アジアの人材・インフラを買収、MUFGがモルガンスタンレーに20％出資したことは記憶に新しい。これによって、両社は、グローバル投資銀行業務への突破口を開いた。

　第二にオーガニックな逆張り戦略の推進である。不況期には、店舗展開、人材採用、ITインフラの整備などを廉価かつ高品質に行いやすい。例えば、2000年初、銀行業界が不振に喘ぐ中、ファンドからの資金で再生された新生銀行は、約3年間で、100万口座を越える当時としては先進的なリテール事業を自力構築した。

　最後にあげたのは、世の中の常識が変化するタイミングを捉えて、従来は手をつけられなかったボトルネックを克服してしまうという視点だ。苦しい収益環境は、不採算事業からの撤退やノンコア業務のアウトソーシング、商品ラインの簡素化、持合い株式の売却などを進めやすくする。

逆境を契機に新しい
組織的スキルを構築する

　業務環境が悪く結果が出ない時期、各プレーヤーは突破口を求めて試行錯誤を繰り返す。結果として、新しいスキルが組織に蓄えられ、次の好況期の競争力の源泉となるケースがある。

　例えば、停滞期に販売を伸ばしていくためには、真のマーケティング力が必要となる。販売額が伸びやすい成長期であれば、戦略意図や効果が明確でない広告やプロモーション、金利や手数料の優遇キャンペーンなどが許容され、それがあたかもマーケティングの

図表2　次世代の飛躍を考える経営視点

現在の競争構造を前提とする		構造変化を先取りする
不況期だからこそ取り得る戦略オプションを推進する	**逆境を契機に新しい組織的スキルを構築する**	**ゲームのルールの変化にいち早く対応する**
■「逆張りM&A」やチームリフティングの機会はないか ■ 一時的に落ち込んでいる事業領域はないか ■ 不況期だからこそ顧客や従業員等ステークホルダーの理解が得やすい制約はないか	■ 攻めの視点から商品・サービスのスクラップ・アンド・ビルドを進められないか ■ 組織的なセールス力の底上げやマーケティング力の強化を図れないか ■ 顧客満足と効率化の同時達成という視点からオペレーション・ITや組織のあり方を抜本的に見直せないか	■ 顧客行動に構造的な変化の兆しはないか ■ 新しいマクロ環境に自社は耐えられるのか ■ 今後、数年間に加速化する可能性のあるイノベーションに対応できているか ■ 新しい規制環境は業界の常識をどう変えるのか

成果であるかのような錯覚がまかり通る。結果が厳しい不況期ではそうはいかない。きめ細かな顧客セグメンテーション、セグメント毎の購買行動の理解、明確な戦略仮説をもった施策実行と検証による継続的な改善など地道な努力の積み重ねが不可欠となり、そこでの成功経験が組織に真のマーケティング力をもたらすのだ。

販売員の営業生産性マネジメント、ROIの高いITマネジメント、オペレーション生産性マネジメントなどの領域で優れた競争力を持つプレーヤーは、多くの場合、不況期にこれらへの取り組みを加速化してきている。

ゲームのルールの変化にいち早く対応する

80〜90年代に米国の金融機関が直面した変化のように、厳しい不況期は、それまでのゲームのルールを一変させるような構造変化を引き起こすことがある。このような状態を招きうる大きな力として作用するファクターとしては、規制環境の変化、技術革新、マクロ経済構造の変質、顧客行動の根本的な変化などがあげられる。このような変化への対応力が業績の格差となって如実に現れるのは、不況期が出口に差し掛かって以降だが、対応が後手に回ると、そのことに気付いた時にはすでに遅いという状態になりかねない。不況期の間に将来に向けた施策を開始し、競合に先駆けて経験を蓄積する必要があるのだ。

不況期の金融機関経営は苛酷である。低迷する収益、膨れ上がる不良債権、毀損していく資本。深刻な場合、資金繰り対策に忙殺されるケースもある。経営者は、出血を止め、不況の嵐を乗り切るための防戦を最優先しなければならない。収益力低下を補うためのコ

図表3　不況期に進めておくべき施策のあり方を考えるフレームワーク

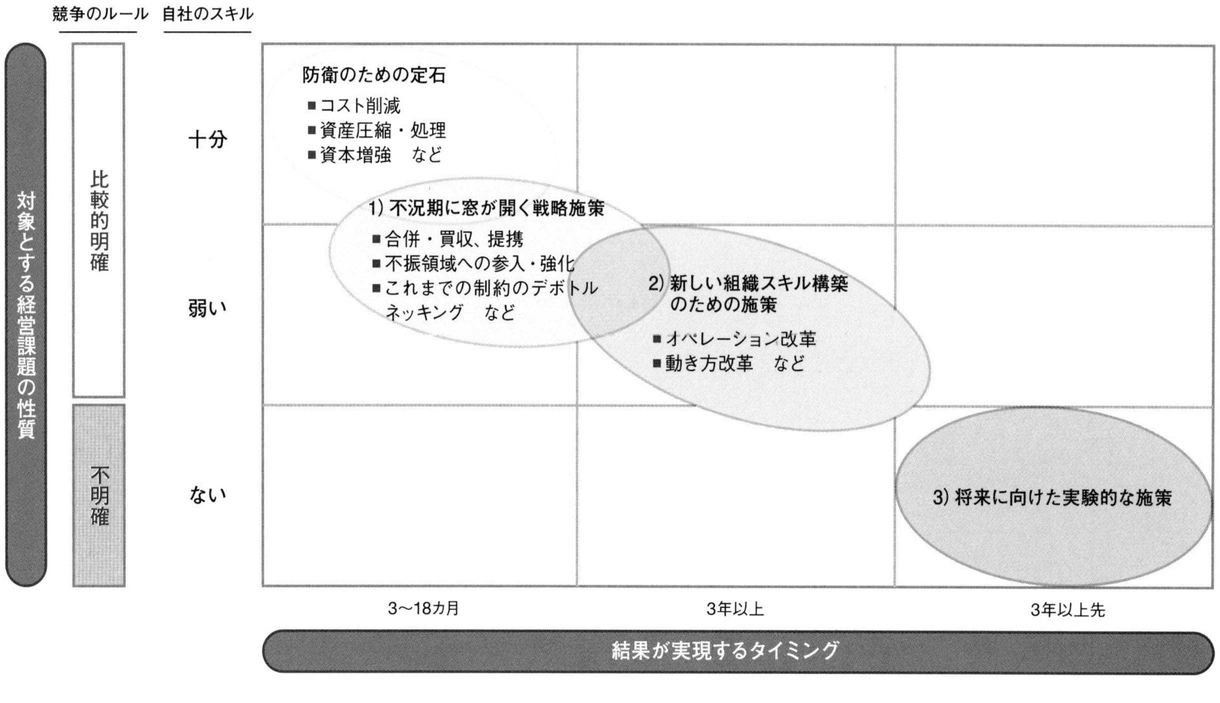

【縦軸】対象とする経営課題の性質／競争のルール：比較的明確／不明確　自社のスキル：十分／弱い／ない

【横軸】結果が実現するタイミング：3〜18カ月／3年以上／3年以上先

- 防衛のための定石
  - コスト削減
  - 資産圧縮・処理
  - 資本増強　など

1) 不況期に窓が開く戦略施策
  - 合併・買収、提携
  - 不振領域への参入・強化
  - これまでの制約のデボトルネッキング　など

2) 新しい組織スキル構築のための施策
  - オペレーション改革
  - 動き方改革　など

3) 将来に向けた実験的な施策

スト削減、経営体力回復のための資産圧縮、不良債権処理や資本増強などがその定石の打ち手となる。

　一方で、ひたすら防戦し嵐をやり過ごしたからといって、再び安定経営に戻れる訳ではない。防衛策は、それ自体は縮小均衡の時間稼ぎに過ぎず、それだけやっていると不況の出口を抜ける頃には、競争力や新しい環境への適応能力を著しく損なっているという事態に陥りかねない。

　図表3は、前述した3つの視点に基づく経営施策のあり方に関する思考の枠組み（フレームワーク）を示している。不況期に、すぐに結果が出ない施策を推進するのは容易ではないが、防衛策とのバランスを取りながら、いかに逆境を活かすような変革プランを練り、新しいチャレンジを継続させていくかが経営の腕の見せ所となる。

2010年の金融を取り巻く環境を俯瞰する

　それでは、今回の不況期において、金融機関はどのような対応を進めておくべきなのか。各論に入る前に、現在の金融ビジネスを取り巻く環境の要点を俯瞰したい（図表4）。

　最初に着目する点は、日本の金融において看過出来ない程拡大してきた「歪み」の存在である。日本経済の成長力は景気回復後を睨んでも脆弱であり成長資金への需要は基本的に弱い。ところが1400兆円の個人金融資産の大半が国内銀行への預金に滞留しており恒常的な預金過剰・貸出先不足の過当競争という歪んだ構造となっている。結果、ダンピング金利が横行、貸出ビジネスの収益を圧迫している。

図表4　金融ビジネスを取り巻く業務環境

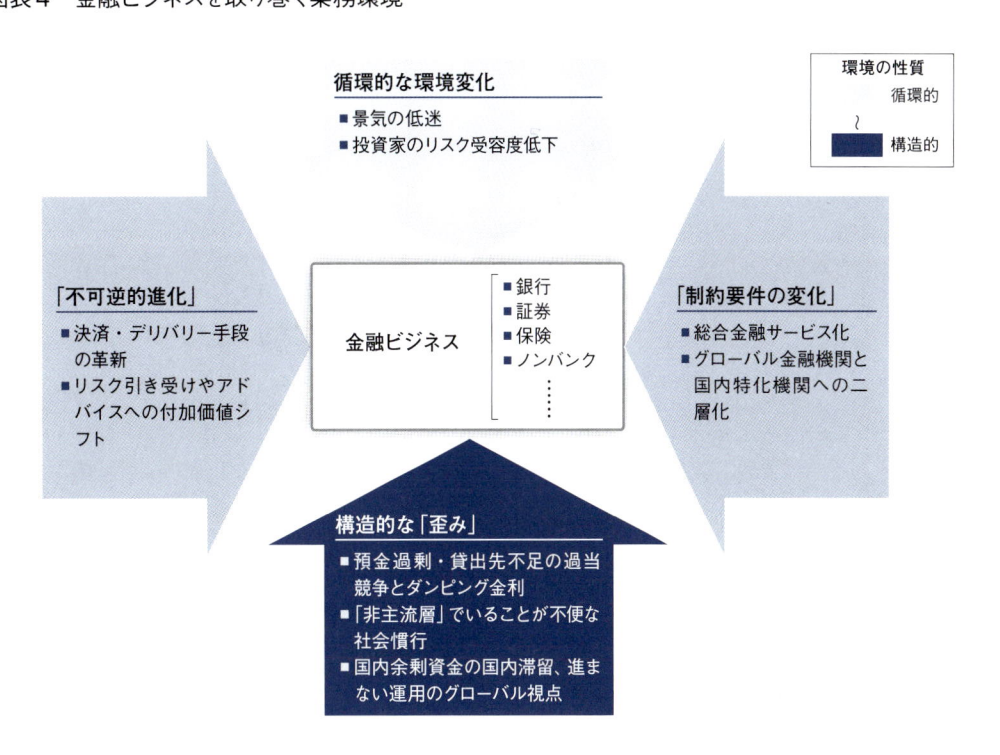

循環的な環境変化
- 景気の低迷
- 投資家のリスク受容度低下

環境の性質
- 循環的
- 構造的

「不可逆的進化」
- 決済・デリバリー手段の革新
- リスク引き受けやアドバイスへの付加価値シフト

金融ビジネス
- 銀行
- 証券
- 保険
- ノンバンク

「制約要件の変化」
- 総合金融サービス化
- グローバル金融機関と国内特化機関への二層化

構造的な「歪み」
- 預金過剰・貸出先不足の過当競争とダンピング金利
- 「非主流層」でいることが不便な社会慣行
- 国内余剰資金の国内滞留、進まない運用のグローバル視点

一方で、別の歪みとして、改正貸金業法などノンバンクに不利な規制環境が進み、低所得者や雇用歴が不安定な個人、社歴の浅い会社など日本の伝統的価値観から見た非主流層に十分な資金が回らないという面もある。

　さらに第三の歪みとして、国内資金需要が伸びない以上、海外の投資先を発掘し国内投資家に投資機会を提供するべきなのに、国内余剰資金のほとんどが膨れ上がる国債に吸収され、日本の金融資産のグローバル運用が停滞しているという点を指摘しておきたい。

　「歪み」ではなく、「不可逆的進化」として、個人向けバンキングから機関投資家向け株式・債券売買業務までB to C、B to B双方を含む様々な領域で進むオンライン取引など決済・デリバリー手段の革新に着目しておく必要がある。結果、単純なトランザクションの価格が急低下、付加価値が顧客取引におけるリスク引き受けやアドバイスなどへシフトしている。

　最後に、「制約要件の変化」を踏まえておく必要がある。まず、1つの金融グループが銀行・証券・信託や保険販売・ノンバンク業務までを扱う総合金融サービスが定着した。また、グローバル金融機関に対する規制強化の動きにより、グローバル展開する少数の金融機関と国内に特化する金融機関への一層の二極化が進むことになる。グローバル金融機関は、厳しい自己資本規制への対応のため資本収益力の抜本強化が求められるようになるだろう。

　短期的視点からは「歪み」の存在が思考の前提になるが、長期的には「歪み」は是正されていくだろう。一方で「不可逆的進化」はエンド・ゲームまで進む。このような大きな流れに「制約要件の変化」を踏まえてどのように対応していくか。これらが、これからの金融ビジネスでのブレークスルーを考えていく上での基本視点となる。

ブレークスルーを生み出す金融の戦略オプション

　ここまで述べてきたフレームワークや基本視点に沿って、2010年からの金融ビジネスにおいてブレークスルーを生み出すための取り組みに関していくつかの仮説を例示していきたい。

今は不振に陥っている事業領域で地歩を固める

　変額年金、クレジット投資商品（証券化商品、セカンダリーローンなど）、消費者金融など4、5年前には成長分野とされ、各種プレーヤーが競って強化した多くの事業が、その後の市場・規制環境の変化によって、不振に陥っている。これらの多くは、長期的には、顧客にとって価値が高く、今後、再成長軌道に乗る可能性も高い。市場が縮小しているこの時期に、シェアを高めてプレゼンスを確立、人材や販売・チャネルの確保、自社モデルのデファクト化などを進めておけば、将来大きな果実を生むのではないか。

　例えば、証券化などクレジット投資事業は世界的に大不振である(図表5)。今後も、複雑・

図表5　世界の証券化商品の発行額（単位：億ドル）

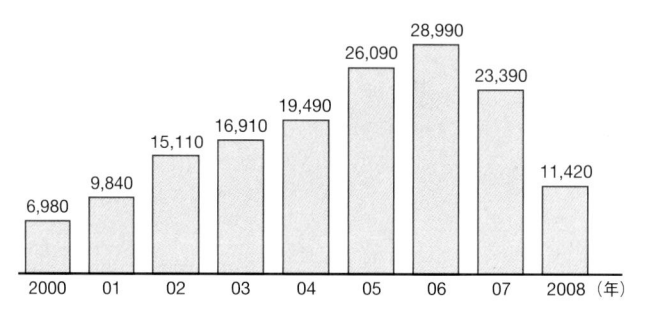

2000	01	02	03	04	05	06	07	2008（年）
6,980	9,840	15,110	16,910	19,490	26,090	28,990	23,390	11,420

資料：マッキンゼー・グローバル・インスティテュート

高レバレッジの投機性の高い商品が復活する可能性はまずないだろう。一方で、預金過剰・貸出先不足の日本の銀行にとって、海外を含む幅広い投資対象での運用を可能とするクレジット投資には十分な意義がある。再開しない訳にはいかない構造にあるとさえいえる。

ただし、投資対象に関する情報と分析、分散化されたポートフォリオ設計、暴走を防ぐインセンティブ設計、経営者によるチェック・アンド・バランスなど投資家としての金融機関が備えなければならない課題は多い。

このような投資家ニーズを正面から捉え、グローバルな商品設計・アレンジと体制作りサポートなどに取り組むプレーヤーは、市場の再成長局面を主導するだろう。これらに取り組むための人材獲得、提携ネットワークの構築などを進めるなら今は最高のタイミングかもしれない。

**業務のアン・バンドリング、
リ・バンドリング**

自社にとって競争力のあるコア業務に特化し、ノンコア業務は売却するなりアウトソースするという「選択と集中」という言葉が使われるようになって久しい。各プレーヤーが得意領域に特化して切磋琢磨し、業界としてのサービス水準を高めていくという思想がその根底にある。

ところが実際には、機能単位での業務分化(アン・バンドリング)が進んでいない日本では、「選択と集中」がしづらい。ちなみに、米国では、逆にアン・バンドリングが進みすぎて、例えば、住宅ローンのオリジネーション特化業者が質の悪いサブプライムローンを乱発したことが問題になったほどだが、日本はその対極にある。

長引く不況とコスト削減プレッシャーは、金融機関に業務の合理化を迫る。すでに有効性が認識され立ち上がっていたにもかかわらず、自前主義やしがらみ、競合を太らせることへの抵抗感などから十分には進まなかったアン・バンドリングが、一気に進む可能性があるのではないか。

中立的なATM運営会社、コールセンターの機能・人材提供会社などアドミ・バックオフィス的機能はもちろん、運用商品販売のプラットフォーム提供会社、マーケティングインフラ提供会社などフロント業務の一部を代替するような動きまでアン・バンドリングによる分業化が加速化するのではないか。

これらは、決済・デリバリー手段の革新とトランザクションコストの低下という「不可逆的進化」の流れに沿った動きでもある。

また、例えば、運用商品販売のプラットフォーム提供会社が立ち上がり始めると、これを川上の運用会社や、川下の銀行、証券会社が統合するなど機能の再編集（リ・バンドリング）へと進展していく可能性もある。不況がトリガーする業務のアン・バンドリング、リ・バンドリングを主導していくのか、徹底利用しコア機能へのフォーカスに邁進するのか、将来像を描きながらの戦略の明確化が必要になるだろう。

逆境は金融機関にとっても
オペレーション改善の好機

過去10年以上にわたり世界の金融機関は、日本の製造業から学んだリーン・オペレーションの浸透に注力してきた。リーン・オペレーションとは、顧客にとって価値あるサービスを最も効率的に提供するという視点から、組織が継続的にオペレーションを見直し、ムリ・ムラ・ムダを徹底的に排除しながら進化させていく取り組みである。

例えば、住宅ローン業務を対象に考えると、まず、顧客が、住宅ローンの依頼、融資可否

の回答を経て、資金受領までに求める処理スピード、利便性、コストなどについてその要求水準を徹底的に理解する。次に、この間の業務処理にかかっている手順をすべて洗い上げ、要求水準に達するまで改善策を打ち続けるのである。

改善策は、処理プロセスの簡略化・組換え、業務のIT化、処理人員のチーム構成・勤務形態の見直し、集中処理センターへの業務移管、審査・事務ポリシーの見直しなど多岐にわたる。

この間、様々なボトルネックが噴出し「非現実的」との大合唱が起きるのが常であるが、リーン専担チームが、新しい目で、周りを説得しながら1つ1つ前に進めていく。

このような取り組みの効果は大きく、マッキンゼーの経験では、例えば、支店導入の場合、担当者のセールス時間が倍増、ローンのような業務プロセス全体の場合、事務担当者あたり生産性の75〜100%程度の改善が見込まれる。また、より重要な成果として、審査時間の大幅短縮など顧客満足に直結するオペレーション改善が多く実現されてきている（図表6）。

マーケティング戦略に沿ったリーン・オペレーションか

日本の金融機関でも類似の取り組みは行われてきたが、いくつかの問題点から中途半端な成果しか出せていないことが多い。典型例が、営業フロントとオペレーションの分断である。

リーン・オペレーションの本質は、顧客満足と効率化の同時達成であり、顧客ニーズの徹底した理解に基づく過不足ない商品・サービス設計がすべての前提になる。

ところが、顧客政策が営業部門の専管化する一方、オペレーション部門は、場当たり的にインパクトが見えにくいサービス改善に取り組むため、慣行化している過剰サービスを止められない、業務常識に囚われてサービス改善の発想が広がらないなどのケースが多く見られる。

顧客の視点に立って、両者を束ねるマーケティング戦略を明確化し、それに沿ったオペレーション改革を進めればインパクトは飛躍的に向上するだろう。

また、既存のシステムや手順が作り込みすぎで複雑化している点も頭の痛い問題点である。日本の金融機関は、現場のこだわりに引

図表6　リーン・オペレーション導入効果の典型例（指数）

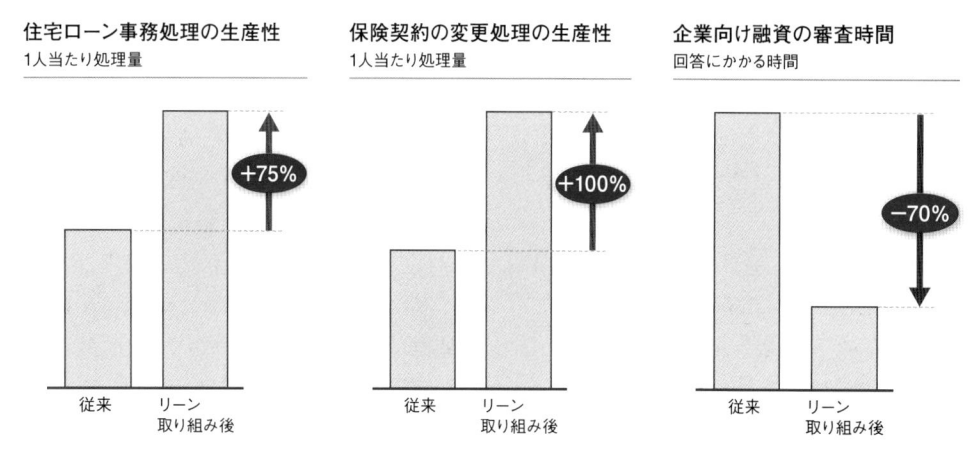

住宅ローン事務処理の生産性 1人当たり処理量	保険契約の変更処理の生産性 1人当たり処理量	企業向け融資の審査時間 回答にかかる時間
従来 → リーン取り組み後：+75%	従来 → リーン取り組み後：+100%	従来 → リーン取り組み後：−70%

資料：マッキンゼー・アンド・カンパニー

きずられ特例的な処理が多いため、属人性の強い業務、機械化できないとされている業務を多く抱えており、これが高コスト構造や対応スピードの遅さにつながっている。移行過程での現場の反発や一時的な顧客からのクレームは想定されるが、業務の標準化に向けて大きく舵を切る必要がある。

不況は、これらのボトルネックを克服しやすい環境を与えてくれる。この際、トップがどれだけ腹を据えて変革を支持し続けるかが大きな成功の鍵を握る。今回の不況期、おざなりのオペレーション効率化で済まそうとする金融機関と、マーケティング戦略に沿った真のリーン・オペレーションの実現に踏み込む金融機関では、今後、競争力に大きな差がついていくだろう。

意思決定の質とスピードを同時に改善する

本部組織のスキル構築についても触れておきたい。以前と比べて金融機関経営を取り巻く環境変化のスピード、不透明さが格段に増し、戦略的な意思決定の重要性が高まっている。

かつての金融機関、とりわけ銀行の本部の仕事は、規制当局や業界主流の考え方（＝正解）を正しく理解して、迅速にそれを現場に実行させることにあった。

今は誰にも正解が解らない時代である。独自の仮説を立て、試行錯誤しながら確かめ、8割方行けると判断できれば一気に実行に移す。その結果を、また新しい目で検証する。このような問題解決型の行動が得意なリーダーが活躍できる環境がこれからの時代を勝ち抜くには不可欠だ。

ところが実際は、極めて潜在能力の高い人材の集団が存在するにもかかわらず受動的、予定調和的な行動を取らざるを得ない硬直的な組織になっているのではないか。

不況期、多くの金融機関が本部人員を削減するし、分権型運営から中央集権的運営にシフトする。単なる人減らしと管理強化では組織は沈滞する一方である。逆に、この環境を逆手に取って本部の動き方改革を進められないか。

例えば、既存の本部業務を詳細に棚卸しし、各々をもっと簡略化できないのかを役員や現場などサービスの受益者の視点から評価する本部の「業務仕分け」、組織階層数を大幅に削減するとともに権限の下位移譲を進める「フラット化」などが挙げられる。

このような本部の外科手術は、人員削減を契機とした簡素で機動性の高い本部作りを可能にする。また、会議や意思決定プロセスにリーン・オペレーションの概念を導入すれば、より少ない関与者で、意思決定の質とスピードの同時改善を目指すことができるだろう。

また、組織に染み付いた常識を変えるための意識・行動面の変革運動も重要だ。例えば、意志決定のための検討をする際には、担当者が積み上げで分厚い資料を作成して役員に諮るのではなく、最初に役員と担当者が意思決定に際して明らかにしておくべき検討課題やその精度についての認識を共有しておく課題設定主導型の検討が望ましい。これにより使われない分厚い資料作りのため大量の人員と時間が投入されていたというような悲劇は少なくなるだろう。

ただし、そのためには、ルールを作るだけでなく、意思決定者である役員自身の意識・行動改革、若手職員の問題解決能力育成へのトレーニングや適切なスキル評価などと合わせて取り組む必要がある。組織に浸透した動き方を変革するのは容易なことではない。業績が好調な時には尚更である。厳しい業務環境に直面し、人員削減などショックが大きい施策を取らざるを得ない不況期こそ、中長期的視点から重要なこれらの改革を進める好機であろう。

金融サービスの競争構造の変化に備えて布石を打つ

深刻で長い不況を契機に既存のゲームのルールが大きく変わるような競争構造の変化が起きる可能性を踏まえて、金融機関はどのような布石を打っておくべきなのか。

「リスク引き受けとアドバイス」で先鋭化し付加価値を生み出す

企業収益・財政状況の悪化や国内経済の低迷などを契機に、「主流層」偏重型の社会環境や国内投資一本槍の運用など構造的な「歪み」が解消される場合を想定してみよう。この場合、新しい生活様式や事業特性を持つ顧客への金融アドバイザリー、高まる不確実性に対するソリューションとなる顧客のリスクの肩代わり、グローバルな運用機会の提供などを主軸とした金融サービスが台頭してくるのではないか。

個人を例に取って考えると、日本人のライフスタイルが飛躍的に多様化、単身世帯や終身雇用を前提としない就業者が主流になるかもしれない。また、「主流層」に優しい年金や健康保険など公的サポートが維持できなくなる可能性も高い。そうなれば日本人の将来の生活は一気に不透明化する。富裕層から一般層まで個人が自分なりの人生設計を持って、貯金・運用、借入れや保険を使ったライフマネジメントを行っていく必要が出てくるだろう。

そこで求められるのは、人生設計を金融面から支えるためのアドバイスとそれに基づくトータルソリューションの提供である。

例えば、ステートメントで計画に対する資産形成の進捗と問題点を知らせてくれるリタイアメント資金管理口座、貯金や長期運用とネッティングできるローン、不慮の出来事に備えた医療・所得保障機能を併せ持つ年金型グローバル投資商品などが考えられる。それら総合金融化が可能とするサービスを、顧客にカウンセリングしながら提供できる商品企画・販売プレーヤーが、新しい個人金融サービスの主導権を握る時代が来るのではないか。

また、長生きリスクや所得リスクなど通常は敬遠されることが多い保険引き受けや、グローバルな運用能力を内製化したプレーヤーは商品供給者として大きな果実を手にするだろう。

「日本を含むアジア」を市場と再定義する

2010年代がアジアの時代であることはすでに明確であり、日本企業の進出を積極サポートするという位置づけで、アジア強化を打ち出す金融機関は多い。

一方で、停滞する日本経済を考えれば預金過剰・貸出不足の「歪み」が極限に達すると思われる。グローバル展開する金融機関への資本収益力強化のプレッシャーの強さを考え合わせると、アジア地場の投資・貸出機会と日本の資金を、あたかも同一市場であるかのごとく太く多様なパイプで結び付けていくビジネスが大きく伸びていく可能性がある。

そのためには、アジア地場企業とのリレーションシップを構築、資金需要の捕捉とリス

ク判断を行い、シンジケート・ローンやファンドの組成、起債、為替リスクのヘッジや生きた現地情報提供など日本の金融機関や個人が投資しやすい仕掛けを組み立てていく能力が必要になる。

　この戦略を目指す金融機関は、本格的にアジア経済に食い込まなければならず、リテールビジネスも含め地場に一定のスケールの銀行を保有するなど、アジアを第二のホームマーケットであると位置づけての長期間にわたるコミットメントが必要になるだろう。いち早くそのための資本の確保に目途をつけ、アジア市場での経験において先行する大手プレーヤーの一角がこのビジネスにおいて主導権を握るだろう。日本の金融機関にできなければ、外資プレーヤーがその役割を担うことになるかもしれない。

おわりに

　2010年、金融機関を巡る収益環境は引き続き厳しいだろう。この苦難の時期をしっかり乗り越えていくことがまず重要である。

　ただし、今回の不況は単なる景気循環ではなく、これからの10年、20年を決めるターニング・ポイントとなる可能性が高い。金融ビジネスに携わるリーダーは、守勢に回るのではなく、現在の環境を逆手に取った攻めのイニシアチブを仕掛けていくべきだ（図表7）。

　不況を契機にブレークスルーを生み出すか、トンネルを抜けた後の緩やかな衰退を甘受するのか、不況の出口では、その結果の洗礼が待っている。将来に向けて、今、着手するべきことは多い。

図表7　2010年に推進する施策ポートフォリオの例

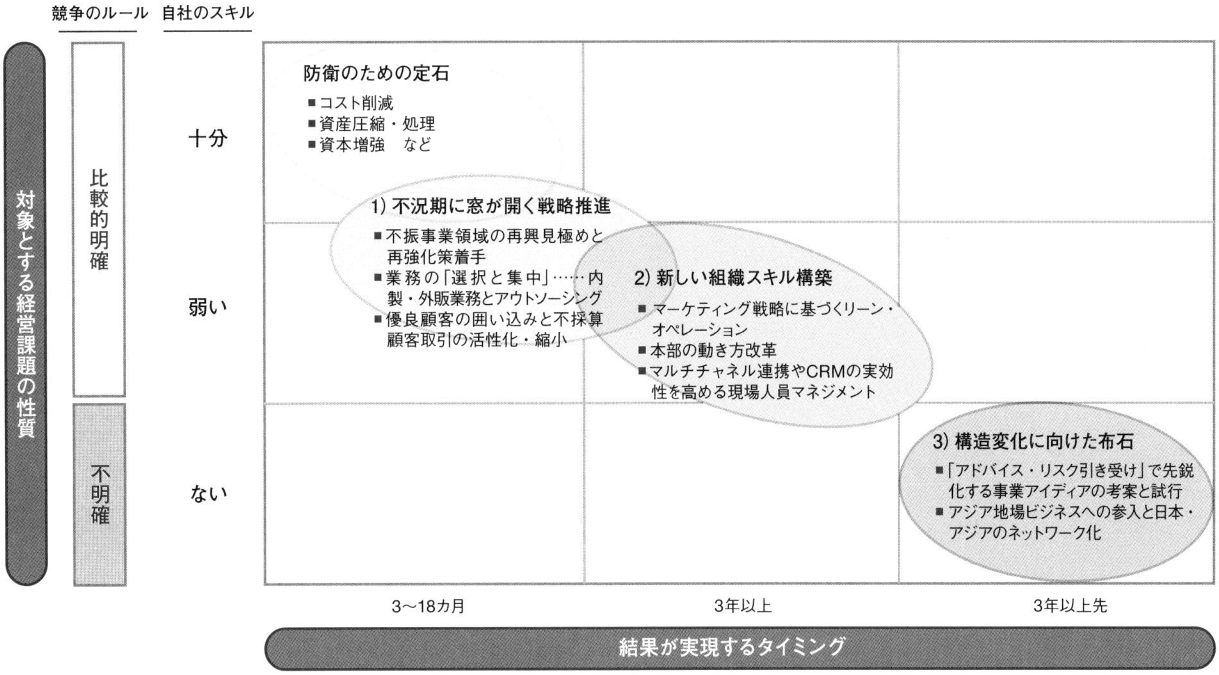

縦軸：対象とする経営課題の性質（比較的明確／不明確）、競争のルール・自社のスキル（十分／弱い／ない）
横軸：結果が実現するタイミング（3〜18カ月／3年以上／3年以上先）

防衛のための定石
- コスト削減
- 資産圧縮・処理
- 資本増強　など

1) 不況期に窓が開く戦略推進
- 不振事業領域の再興見極めと再強化策着手
- 業務の「選択と集中」……内製・外販業務とアウトソーシング
- 優良顧客の囲い込みと不採算顧客取引の活性化・縮小

2) 新しい組織スキル構築
- マーケティング戦略に基づくリーン・オペレーション
- 本部の動き方改革
- マルチチャネル連携やCRMの実効性を高める現場人員マネジメント

3) 構造変化に向けた布石
- 「アドバイス・リスク引き受け」で先鋭化する事業アイディアの考案と試行
- アジア地場ビジネスへの参入と日本・アジアのネットワーク化

新興国の成長を取り込む

20年先を見るグローバル化戦略

新興国の成長は2030年くらいまでの長期にわたって続く。
日本企業にとっては、既存の市場でどう戦うかよりも、
新たに生まれる市場でどう戦うかのほうが、はるかに重要な課題である。
新興国の成長を取り込むためには、4つのトレンドを捉える必要がある
また、サウジアラビアなどとのJVで成功した化学業界の事例からは、
ギブアンドテイクのパートナー関係のあり方が学べる。

photo: Hideji Umetani

新たに生まれる市場で
日本企業はどう戦うのか

　グローバライゼーションが叫ばれ、新興国の時代といわれて久しいが、私たちはその現状、変化の速さを正しく認識していないケースが多い。新興国での経済成長は、ここ十数年の中国の深圳、UAEのドバイの成長の例でも見られるように、私たちの想像をはるかに超えるスケールとスピードで、継続的に進んでいる。
　中国の深圳市は、1980年には1人あたりのGDPが100ドル、人口30万人足らずの町であった。それが、同年に経済特区に指定されて以来、順調に海外投資を誘致し、わずか二十数年の間にGDPは1人あたり100倍以上に増え、人口が40倍の1200万人に達する世界有数の大都市となった。
　UAEのドバイの例を写真で見てみよう（写真）。今はドバイの目抜き通りであるシェイク・ザイード・ロード（Sheikh Zayed Road）の1990年と、その15年後の2005年に同じアングルから撮った写真である。1990年は砂漠の荒野の一本道であったこの道は、15年後には片側6車線の大通りに変化している。2010年にはさらに沿道に地上高828mの超高層ビル、

PROFILE

中原 雄司 (なかはら・ゆうじ)

マッキンゼー・アンド・カンパニー
プリンシパル

東京都生まれ。東京大学工学系大学院化学工学専攻修了およびコーネル大学MBA修了。日揮にて化学プロセス設計および途上国におけるプロジェクトマネジメントの経験を経て、マッキンゼーに入社。化学、素材産業やエネルギーなど、装置産業を中心に、グローバル成長戦略の策定および実行支援のほか、新事業創出、B2Bマーケティング、M&Aアライアンス等、幅広い領域のコンサルティングに従事。近年は、特に新興国市場進出や、気候変動・水問題に関わる事業策定に携わっている。グローバル・エナジー&マテリアル研究グループの日本におけるリーダーの1人。

写真　ドバイの成長：1990年と2005年のシェイク・ザイード・ロード地区の比較

1990年　　　　　　　　　　　　　2005年

ブルジュ・ハリファ（Burj Khalifa）が完成し、周辺地区はさらなる大きな変化を遂げている。

また、近くにあるジュベル・アリ（Jebel Ali）工業港は、1970年代に建設が始まり、1980年代は世界トップ30にも顔を出さない地方港だったのが、2008年にはコンテナ取扱量はアジアを除く世界で最大、全世界でも第6位にまで浮上している（参考までに、日本最大のコンテナ取扱量の東京港は世界24位）。

リーマンショック以来、ドバイのバブル経済が問題視されているとはいえ、一定の資本流入が二十数年間続いたことによる成長のスピードにはすさまじいものがある。

このような新興国の成長は、今後2030年くらいまでの長期にわたって続くものと考えられている。仮に中国の今後の成長率が中央政府の期待値よりも若干低い6％程度だったとしても、2030年の1人あたりのGDPは1万ドルと、現在の日本の三分の一程度である。中国のGDPがまもなく日本を超えることがいよいよ現実になると話題になっているが、1人あたりで見た場合、まだまだ中国の成長余力は高いということである。

ここで重要なのは、これらの国へと展開する戦略は今から行なえば、まだ十分に間に合う可能性が高いということである。先ほどの中

日本社会はグローバリゼーションの潮流をあまり認識していない？

私たちの日本社会ではどのようにこのグローバリゼーションの潮流を認識しているか。下の図はひとつのヒントになる数字を示している。日米欧の各極における主要新聞と主要ビジネス雑誌・経済誌において、どの程度グローバリゼーションが議論されたか、マッキンゼーが記事件数を調査して数値化したものである。

EUや米国では、ここ10年で4～5倍に増えているのだが、日本は逆に減ってきているのである。

もちろんこの数字のみで判断するわけにはいかないが、世界がどんどんグローバル化してゆく間に、日本が逆行して内向的になっていることを示唆しているのであれば問題である。

グローバリゼーションを扱った新聞・雑誌記事件数

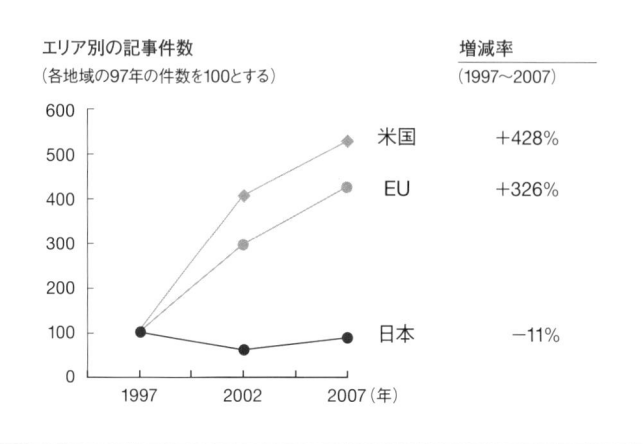

エリア別の記事件数
（各地域の97年の件数を100とする）

	増減率 (1997～2007)
米国	+428%
EU	+326%
日本	－11%

国の例を見ても、2030年にはGDPが現在の4倍になることが予想されている。つまり、現在の1の市場に対して、将来その3倍の市場が新たに創出される、と言い換えることができる。このような状況においては、既存の「1」の市場でどう戦うかよりも、今後新たに生まれる「3」の市場でどう戦うか（いかにシェアを奪うのか）のほうがはるかに重要な課題である。企業の今後20年の新興国の展開戦略如何で、その企業の将来像が大きく変わるのは想像に難くない。

グローバル市場における日本と日本企業

日本企業が成長のために新興国市場に本格的に取り組まなければならない中で、そもそも海外市場の中で日本企業の存在感が薄れてきているという問題が存在する。「フォーチュン500」の世界の企業ランキングのこの15年間の推移を見ても、1990年代前半には売上げランキング上位25社中、日本企業が半分以上占めていたのに対し、2000年代半ばには4社と実に三分の一に減っている。さらに、2009年時点では世界トップ25に残る日本企業は実質的に10位のトヨタ自動車のみになってしまった（注：日本郵政が新たに11位に登場している）。

また当然ながら、世界経済の中での日本の経済的地位はますます縮小する傾向にある。現在世界のGDPの12％程度を占める日本経済は、長らく米国・欧州に次ぐ経済圏として世界の三大経済圏（トライアド、Triad）とされてきた。しかし、今後日本は世界で最も低い経済成長率によって、2040年には世界経済の6％に過ぎなくなる。

そのころには、南米やインド経済圏は日本経済と肩を並べ、中国は日本の3倍のGDPになりEUに並ぶようになっている。まさに、世界の経済が米＋欧＋日のトライアドから、米＋欧＋新興国のニュー・トライアドとなるのである。このような中、日系企業としては新興国を中心とする新しいグローバル市場にその焦点を当てない限り、縮小均衡は避けられない。

一般に、過去の成功企業の成長の内訳を分析すると、その成長の60～70％は対象市場そのものの成長によってもたらされるといわれる（残りは、市場の中での有機的なシェア拡大と、M&Aによるシェア拡大による成長）。今後世界の新興国の成長が先進国の2～3倍のスピードで進むことを考えると、企業が成長戦略を考えるにあたっては新興国の成長トレンドを取り入れた発想が不可欠となる。

このようなトレンドが着々と進行する中、足元の日本企業のグローバル化の進展度合いを見てみると、二極化の様相を呈している。

ここでは、仮にグローバル化の進展度合い

図表1　日本企業のグローバル化の進展

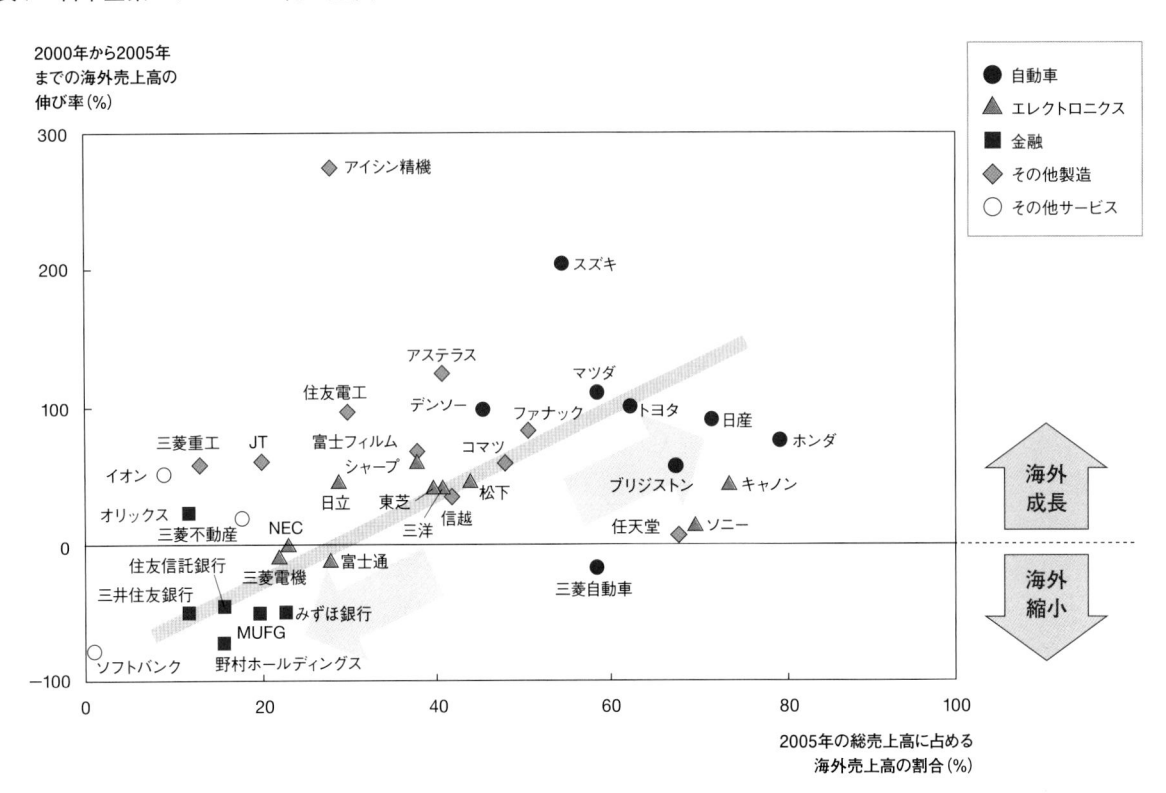

を海外売上げの比率で見てみたい。**図表1**は、企業の海外売上比率を横軸に、縦軸に直近5年間の海外での売上げ成長の伸び率をとり、主要な日系企業をプロットしたものである。おおむね右肩あがりの相関が見られる。これは海外の売上げ割合が大きい企業は、さらにそこでの売上げを伸ばしており、逆に海外売上げ割合が相対的に小さい企業は、海外で停滞あるいは縮小していることを示している。

これは、いったん海外でのポジショニングに成功して、戦い方に精通した企業は、ますますそこでの成長の果実を取り込んでいる一方、出遅れた企業は逆に海外事業を縮小するという下方スパイラルに陥っていることを意味する。このように、海外への事業展開は、弾みがつきそのコツがつかめたプレイヤーと、そうでないプレイヤーの間で大きな差が生まれやすい。先に「グローバル化への取り組みはまだまだこれから間に合う」と述べたが、ここでわかるように一定のラーニングが定着するまで相当な時間がかかることを覚悟すべきであろう。

新興国の成長トレンドを取り込む企業戦略

今後、企業が新興国の成長トレンドを取り込んだ戦略を検討するにあたって、どのようなことに留意すべきであろうか。ここでは、まず以下の4つのトレンドを認識することからスタートしたい。①新興国における中間消費層の圧倒的増加による新たな「ボリューム・ゾーン」での需要の増加、②様々なリソース（エネルギー・原材料・人材）供給源の新興国シフト、

③新興国各国でのビジネスインフラの急速な整備、④政府系ファンドなど新たな投資資金の増加、である。これらのトレンドは、特に素材産業・製造業にとって重要なポイントとなるが、他の産業にとっても参考となるものであろう。

①ボリュームゾーンでの需要の増加

新興国の経済的地位の向上、中間層の消費の拡大に伴って、新興国需要が大きく伸びてきている。特に年収5000USドル以上の世帯という新たな消費層が今後10億人増えることがそのドライバーとなっている。

企業としては、これらのボリュームゾーンといわれる消費層需要にマッチした製品・ビジネスモデルの開発が鍵となり、多くの場合、現行に比べてドラスティックなコストの低減が求められる。原材料コスト、ファクターコストの低い地域への拠点の移転、エンドユーザーへ低コストでかつ効果的に製品・サービスを届けるチャネルやサプライチェーンの構築など、多くの工夫が要されるところである。

②リソース供給源の新興国シフト

新興国へのシフトは需要に留まらず、様々なリソースの供給源も新興国にシフトしていく。例えば、中東の主要国では、自国で幅広い産業クラスターを立ち上げ、かつテクノクラートの雇用を拡大することを狙っている。このために、原油の輸出に代わり、より加工度を上げた石油化学製品や加工製品、さらに将来は再生エネルギー関連機器、航空関連部材、半導体に至るまで、様々な産業の立ち上げを視野に入れている。

従来は新興国から供給されるのは、石油・石炭・鉄鉱石といったエネルギーや金属資源、天然ゴムなどの一次素材にある程度限定されてきたが、今後はより加工度の上がった材料・部材の新興国からの輸出が増加してくることを念頭におく必要がある。

さらに、エネルギー資源や素材原材料を超えて、エンジニアなどの人的リソースも、今後は新興国からの供給が圧倒的に増えてくる。

例えば、世界で最先端工学分野を長年リードしてきた米国・日本・ドイツの三カ国では、年間合計110万人のエンジニア人材（工学系大学院卒業者）が生まれているが、中国では、それをはるかに超える160万人、BRICs全体では280万人を超えるエンジニア人材を毎年輩出している。

基礎科学を担う理化学分野、金融および会計の分野でも同様の状況にあり、今後は企業の高度専門職人材の多くは、新興国の人材プールに頼らざるを得ない状況が生まれてくるのは確実である。

多くの有力欧米系企業ではこうした海外人材採用に積極的に取り組んでいるが、日系企業は言語の壁の問題もあり、一歩遅れている状況である。今後は、海外人材の採用のみならず、その育成・要職への登用を含めた本格的なグローバルタレントマネジメントの仕組みの構築は急務となる。

③新興国でのビジネスインフラの急速な整備

新興国では、グローバルな企業活動を自国に呼び込むために、ビジネスインフラの整備を着々と進めている。例えば、住友化学が進出したサウジアラビアでは、港湾能力・航空貨物能力を経済規模に対して指数化したものを比較すると、それぞれ日本の3倍、5倍であり、海運・空運能力とも日本より相対的に高いといえる。

近年、同国はさらに、WTOへの加盟や法整備を進めた結果、世銀調査による「世界ビジネス容易度ランキング（Ease of Doing Business Ranking）」では、2005年に35位だったのに対して、2009年には13位になるまで急速に浮上してきており、近い将来にトップ10に入ることを

ルのTAMASEKはそれぞれ30兆円など、アジア・中近東総計で数百兆円に達する資産規模を抱え、世界の大きな金融プレイヤーとなっている。近年これらSWFは、公開株式へのパッシブ投資のみならず、自国産業育成のための戦略企業投資も強化してきている。

最近では、アブダビ政府が石油化学のボレアリス（Borealis）、ノバ・ケミカルズ（Nova Chemicals）、ヒュンダイ・オイル・バンク（Hyundai Oil Bank）のみならず、半導体大手のAMDや、メルセデス・ベンツにまで投資先を広げてきていることは耳目に新しい。日系企業では、昭和シェル石油がサウジアラビアより15％の出資を受けながら、太陽電池戦略を同国で積極展開している。今後、企業の成長戦略を検討するにあたって、その原資となりうるこれら新興国資本をどのように有効活用し得るのか、という視点も欠かせないであろう。

ケーススタディ：三菱ガス化学のサウジにおけるメタノール事業

ここでは化学産業の中で、新興国トレンドをうまく戦略に取り込んで成長してきた三菱ガス化学のメタノール事業のケースを紹介したい（図表2、図表3）。グローバルなメタノール製品市場の成長トレンドを捉え、新興国のリソース・インフラ・資本を活用しながら競合に先んじてコストリーダーシップを発揮し、グローバルに大きな成長を遂げた三菱ガス化学は、今後の新興国展開のケースとして参考になると思われる。

日本のメタノール業界は、1970年代には三菱ガス化学、東日本メタノール、西日本メタノールのほか、三井東圧、協和ガス化学を加えた5社体制であった。ところが、1973年より始まった石油ショックと、メタノールの世界的な生産方法の技術革新に伴い、国内生産拠

目指している。逆に、日本は2005年の12位から2009年には15位にランクを落としている。

これらのインフラ整備度合いは、日本に居ながらでは、にわかに信じがたい相当なスピードで進められているのが現実である。今後の海外成長戦略構築にあたっては、これらのインフラの整備度合いを正確に把握・認識し、これを積極的に活用するようなプラン作りが必要となるであろう。

④新たな投資資金の増加

新興国では政策的対外投資を可能とする政府系ファンド（SWF、ソブリン・ウエルス・ファンド）が整備されてきている。アブダビ投資庁（ADIA）は80兆円、中国のCICやシンガポー

図表2　三菱ガス化学のメタノール事業(1)──積極的な新興国生産体制の整備

三菱ガス化学メタノール事業の海外展開の軌跡

1970年代
- 国内市場は、三菱ガス化学、東日本メタノール(住友化学系)、西日本(三井東圧系)、協和ガス、三井東圧の5社体制
- 1973年石油ショック勃発、ガスやLPG価格の高騰に起因する国内メタノールの競争力低下
- 1970年代後半、サウジアラビア基礎産業公社(SABIC)とメタノール事業に関するフィージビリティー・スタディーを開始
- 1979年、JVの日本側交渉窓口となる日本サウジアラビアメタノールを設立

1980年代
- 80年時点で国内では新潟工場を中心に40万トンの生産キャパ
- 80年にSaudi Methanol CompanyをSABICとのJVとして設立
- 83年第一期プラント(60万トン)操業開始
- 83年に東日本メタノール、西日本メタノール、協和ガス化学の操業停止

1990年代
- 92年、ベネズエラに進出
- 95年、新潟工場(35万トン)操業停止、国内メタノール産業の消滅。以後、全量輸入
- 98年、新潟工場の設備を中国の内蒙古・伊克昭盟化工集団総公司に売却
- サウジ増設
  ──63万トン(92年)、85万トン(97年)、85万トン(99年)

図表3　三菱ガス化学のメタノール事業(2)──サウジアラビア進出後の新興国向け取り組み

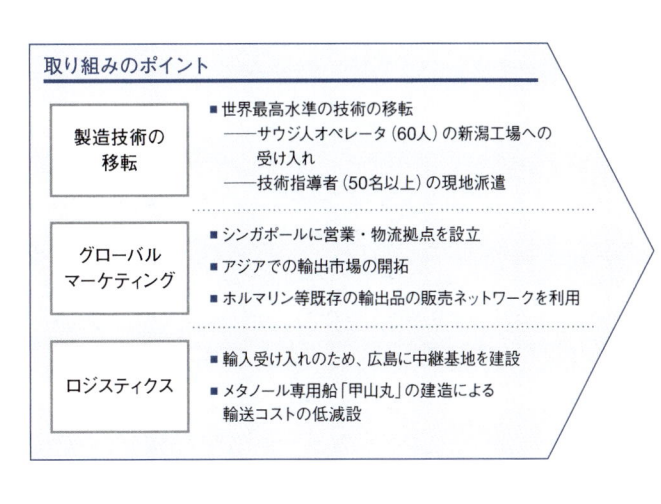

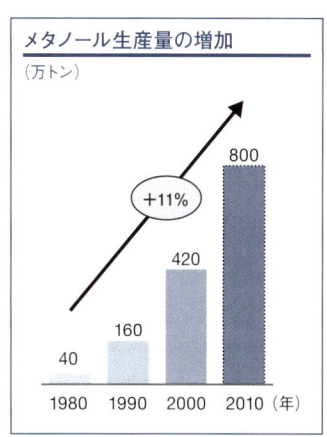

取り組みのポイント

製造技術の移転	・世界最高水準の技術の移転 　──サウジ人オペレータ(60人)の新潟工場への受け入れ 　──技術指導者(50名以上)の現地派遣
グローバルマーケティング	・シンガポールに営業・物流拠点を設立 ・アジアでの輸出市場の開拓 ・ホルマリン等既存の輸出品の販売ネットワークを利用
ロジスティクス	・輸入受け入れのため、広島に中継基地を建設 ・メタノール専用船「甲山丸」の建造による輸送コストの低減設

メタノール生産量の増加 (万トン)
- 1980年: 40
- 1990年: 160
- 2000年: 420
- 2010年: 800
（+11%）

点は競争力を失い始めていた。

　メタノールはコモディティ化学品であり、その市場は概ねGDPに比例して伸びることにより、将来的なアジア市場の成長に対する期待値は高かった。一方、コストに占める原材料費(主に天然ガス)の割合が大きく、世界のメタノール製造技術が天然ガス合成法に転換する中で、圧倒的に低コストで製品供給をするためには、安価で豊富なガスへのアクセスが必要不可欠であった。国内競合他社が次々と事業縮小に追い込まれる中、三菱ガス化学は海外への製造拠点の移転を狙っていた。

折しも、自国の化学産業育成を検討していたサウジアラビア政府と共同で事業化を検討することになり、1970年代後半よりフィージビリティ・スタディを開始し、事業化を決定。サウジアラビア基礎産業公社（Saudi Arabia Basic Industries Corporation ＝ SABIC）とジョイントベンチャー（以下JV）を形成して三菱ガス化学のメタノール製造プロセスを提供し、また一方で、JVはグローバルな市場価格に比較して十分の一程度の安い原料ガスの供給を受けて、世界でも有数の輸出競争力を持つ製造拠点を築くのが狙いだった。

1979年に日本側の交渉窓口となる日本サウジアラビアメタノールを設立。翌年にはSABICとJVでサウジ・メタノール・カンパニー（Saudi Methanol Company ＝ AR-RAZI）設立の調印を行ない、3年後には当時の新潟主力工場の約二倍の能力にあたる60万トンのメタノールプラントの操業を開始した。操業前の1〜2年は、日本人技術指導者を50名以上現地に派遣しつつ、またサウジ人オペレーター60人以上をメタノール製造のマザー工場であった新潟工場に受け入れ、トレーニングを通してサウジ人技術者の育成を徹底して行なった。

また、三菱ガス化学は、単に製造拠点の移転に留まらず、その後現れるであろうグローバル成長市場でのリーダーシップをとるために、マーケティングやサプライチェーンなどの領域にも、果敢に取り組んだ。シンガポール拠点では、当時からあったホルマリンの物流ネットワークを活用しながら営業力を強化し、やがて立ち上がってくるメタノールのアジア輸出市場の開拓を精力的に行なった。

サプライチェーンの面では、広島にメタノール輸入のための基地を建設してインフラ面での競合優位性を築きつつ、同時に世界初のメタノール専用の大型海上輸送船である甲山丸を就航させ、長期的な輸送コストの低減を図った。これにより、日本で製造して販売するドメスティックなメタノール企業から、海外で競争力のあるメタノールを製造して日本およびアジア全域で販売するグローバル企業への転換を図ることができたのである。

その結果、1990年代にかけて国内競合のほとんどが事業撤退・縮小した中、三菱ガス化学は海外製造・輸入のビジネスモデルによって生き延び、さらにその後、南米ベネズエラにも進出しつつ世界最大のメタノール生産グループとなった（1992年にベネズエラにてMetanol De Oriente社を設立。1995年には三菱ガス化学の国内最後のメタノール工場である新潟の装置を停止し、設備は中国の内蒙古・伊克昭盟化工集団総公司に売却した）。

三菱ガス化学が捉えたサウジの成長トレンド

三菱ガス化学は、一連のサウジアラビア展開にあたって、先に挙げた4つの新興国トレンドをどのように捉えたのであろうか。改めて確認してみよう。

①新興国需要への対応：三菱ガス化学は、グローバルに出て行った場合、将来のボリュームゾーンの需要増加に対応し得る圧倒的なコスト競争力のあるメタノールの製造が求められていた。当時の最新鋭のプロセスを持ち込みつつ、現地のコスト競争力のあるガス資源を組み合わせ、この目的を達すると同時に、また、シンガポール営業拠点やサプライチェーンの強化を通して、アジアでの需要開拓を早期から行なった。

②新興国リソースの活用：サウジ拠点の運営にあたっては、原材料のほかにも、人材の面でも相手新興国のリソースを上手に活用した。初期の上級オペレーターの大半を、既に運転経験のあるSABICのオペレータープールから手当てし、新潟工場で一年以上にわたるト

レーニングを実施することにより、現地の技術移転をスムーズに行なった。

一方、マネジメント人材も、サウジ国内では随一の優秀な社員が在籍するSABICの人材を育成・活用した。現在AR-RAZI社では、日本から派遣されている日本人マネージャーはたった2人である。ほぼ全ての経営陣と主要なマネージャーはローカルのトップタレントの登用によって賄うことができている。

③インフラ活用：サウジアラビアが国を挙げ

プラスティック消費量の推移もGDPの伸びから予想できる

下の図は、汎用素材の代表であるプラスティックの消費インテンシティーカーブである。1人あたりの消費量(縦軸)が、1人あたりのGDPの成長(横軸)とともにどのように変化するかを、各国のプロットを元に見て取ることができる。

これによると、1人あたりのGDPが1万5000ユーロ近辺で1人あたりのプラスティック消費量が最大化しているのがわかる。汎用素材分野では、GDPの伸びとともに市場は成熟し、ピークアウトするとともにそれ以降は生産能力過剰になることがわかる。このような流れを知っていれば、日本の化学におけるエチレンプラントをはじめ様々な装置産業で生産設備の縮小・廃棄を余儀なくされている流れが理解できる。

一方、日本をはじめこれらの先進国の企業が成長を求める場合、必然的に1人あたり消費量がピークよりも手前にある新興国市場に出て行かざるを得ないことが見て取れる。ここにモノ作り・製造業中心で大きく伸びてきた日本経済の新興国へのグローバライゼーションの必然があるのである。

プラスティックの消費量（インテンシティーカーブ）

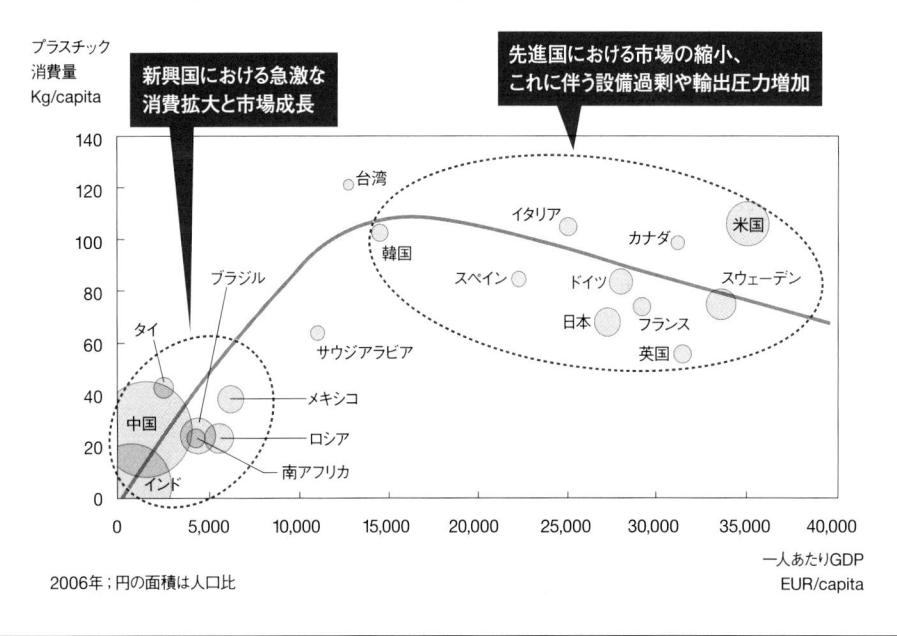

2006年；円の面積は人口比

て立ち上げた、世界でも最大級のアル・ジュベール（Al Jubail）工業コンビナートに立地することにより、原材料輸送、電力・水といったユーティリティー、さらに製品輸出のインフラを存分に活用し、競争力のあるメタノール生産拠点を築くことに成功した。

④資本活用：資本面でも、当初の第1系列の設備投資金額の半分はSABICより投入され、サウジ側の資本力を大きく活用。JVの内部留保により年々増設を重ね、設立当時の年産60万トンから現在の年産500万トンと、単一工場としては世界最大のメタノール工場に成長。三菱ガス化学としては、少額の初期資本投資と技術供与により、大きな果実を得たといえるであろう。

　1980年代から、この海外展開戦略を実践することにより、三菱ガス化学はこれまでの30年間、毎年約11%のメタノール生産能力の拡大を続け、現在グローバルシェア23%を押さえる世界最大のプレイヤーとなっている。企業としての収益性も国内大手化学企業の中では高く、世界同時不況に突入する前の2008年3月度決算で5200億円の連結売上げに対して470億円の営業利益をあげ、さらに、サウジアラビアやベネズエラのJVからの持ち分法利益（営業外利益）で200億円以上も稼ぎ出している。

化学業界のケースから学ぶ日本企業にとっての意味合い

　このように、企業の成長戦略を考えるにあたって、今後成長著しい新興国の需要とリソース、インフラ、資本の活用を考えることはますます重要になってくる。忘れてはならないのは、これらリソース・インフラ・資本の活用は、当然ながら新興国が「この企業と組みたい」と思うような魅力を日本企業側が持っている場合だけ可能、という点である。日本企業には、優れた要素技術や操業ノウハウ、経営思想や経営システムがあり、新興国はこれを取り入れて自国産業育成を推進したい、という思惑がある。図表4に示したように、パートナーとなる新興国と先進国企業とのギブアンドテイクが存在するのである。

　サウジアラビアの石油化学拠点進出を果たした住友化学の例を見てみよう。住友化学は、

図表4　新興国と先進国企業の相互の期待（例示）

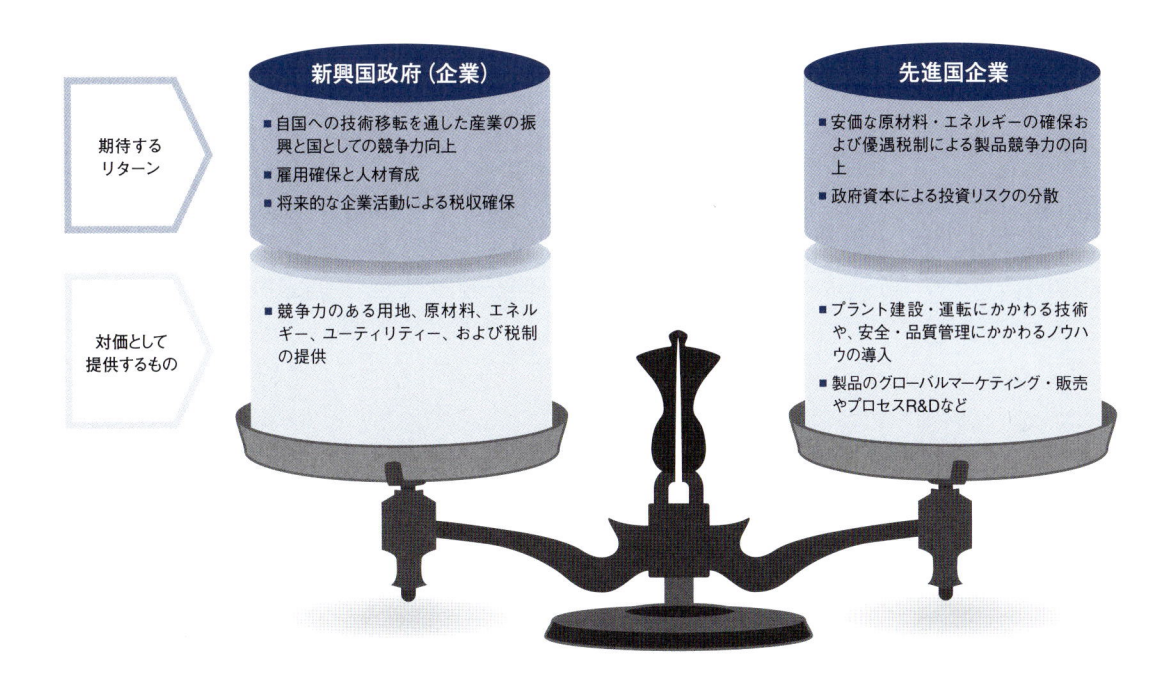

新興国政府（企業）

期待するリターン
- 自国への技術移転を通した産業の振興と国としての競争力向上
- 雇用確保と人材育成
- 将来的な企業活動による税収確保

対価として提供するもの
- 競争力のある用地、原材料、エネルギー、ユーティリティー、および税制の提供

先進国企業

期待するリターン
- 安価な原材料・エネルギーの確保および優遇税制による製品競争力の向上
- 政府資本による投資リスクの分散

対価として提供するもの
- プラント建設・運転にかかわる技術や、安全・品質管理にかかわるノウハウの導入
- 製品のグローバルマーケティング・販売やプロセスR&Dなど

　サウジアラビア石油（サウジアラムコ）社と50/50％のJVを組み、ペトロ・ラービグ社を設立。川上の石油精製から、川下の140万トンのエチレンクラッカーおよびその誘導品コンプレックスを含む総額2兆円の巨大コンビナートを建設し、2009年より運転を開始した。

　JVの一方であるサウジ側から見ると、住友化学が持つ石油化学の要素技術やオペレーションノウハウ、シンガポールを中核とするアジア全域への市場アクセス、さらに日本的な製造管理などのソフトノウハウなどが、たいへん魅力的に映ったであろう。住友化学からこれらの「価値」の提供を受ける一方、サウジ側はその対価として、安価なガスや、周辺インフラなどを提供することになったのである。おそらく、住友化学の上記の魅力のどれか一つでも欠けていたら、同社は欧米の化学大手を差し置いてサウジアラムコ社のJVパートナーとしてのポジションは確保できなかったのではなかろうか。

　三菱ガス化学のケースも同様である。三菱ガス化学が有力なメタノール製造プロセスを押さえていたこと、新潟に製造拠点を持ちJVのオペレーターのトレーニング拠点として活用できたこと、日本はじめシンガポールやその他のアジアへの有力な販売網を構築していたこと、などが有力な提携関係を築けた理由である。また、三菱ガス化学がタイミング良くこれらの訴求価値を活用できた点も見逃すことはできない。

　もし提携の模索が10年遅れていたら、サウジ国から見た場合の相対的な三菱ガス化学の魅力は半減あるいは消滅していた可能性が高い。

　日本企業としては、新興国およびその現地企業にとって、自社の訴求価値・魅力を今一度十分に検討し、これをタイミング良く活かした成長戦略の構築を目指したい。

"Innovation at Scale"
イノベーション・パフォーマンスの高め方

photo: Hideji Umetani

イノベーションを取り巻く
外部環境が変化している

　日本企業はこれまで何十年にもわたって、世界のリーディングイノベーターであり続けてきた。「メード・イン・ジャパン」が世界を席巻した実例は数知れない。ウォークマンは、世界中の消費者のオーディオエンターテインメントへの考え方を変えさせ、ハイブリッドエンジンは、自動車産業にグリーンテクノロジー革命をもたらした。今ではあらゆる地域で利用者が急増している携帯電話向け通信サービスも日本のiモードがその先駆けである。効率や製品品質を大幅に向上させるようなプロセスイノベーションは、このように日本から世界に発信されてきたのである。
　しかしながら、このような輝かしい実績に気を取られて、**イノベーションを取り巻く外部環境が大きく変化しつつある事実**を見逃してはならない。これまでのイノベーション促進手段は、必ずしも今後も通用するとは限らないのである。これには、以下の3つの理由がある。

●ニーズ主導型イノベーションへの移行
　自動車、テレビなどさまざまな製品について、顧客のニーズを上回るスピードで技術は進化し、オーバースペックな製品が数多く作られている。このため、ユーザーの関心を引き付けるのが難しくなり、さらに重要なのは、これがより高機能な製品を購入してもらうのを困難にしていることである。その結果、製品間の競争は製品自体での差別化がしにくくなった中で価格競争へと移行している。つまり、ここではすでに、技術主導型のイノベーションから、マーケットニーズの理解に重点を置いたイノベーションへの移行が進みつつある。
　最先端機能を持つ端末よりも、最高のユーザーインターフェースとソリューションのほうが重要となることもしばしばある。形や機能の高度化は、それが実現できているかどうかにかかわらず、明らかに顧客ニーズを謳うイノベーションには勝つことができない。通常、セグメントや地域によって大きく異なる最終顧客のニーズや行動パターンを深く理解することが、斬新かつ革新的なソリューションを生み出していく上で最も重要な要素となるが、これは、エンジニア中心に、組織の中でのイノベーションを推進してきたような内向き体質の企業にとっては非常に大きな課題となる。

●コモディティ化の加速
　多くの製品カテゴリーにおいて、かつてない速さでコモディティ化が進んでいる。例えば、アナログからデジタルへの移行に伴い、コアIPへのアクセスが容易になり、新規参入が活発化

PROFILE

エリック・ロス

マッキンゼー・アンド・カンパニー
プリンシパル（上海支社）

マーケティング戦略、ブランド構築、インサイト導出、マーケティング組織の設計および能力構築を含むさまざまなテーマのコンサルティングに従事している。グローバル・イノベーションセクター・グループのリーダーを務め、数多くの企業の経営トップに対してアドバイスも行っている。米国、ヨーロッパ、アジアを中心に世界各国でアジア系企業のみならず大手グローバル企業へのコンサルティングも手がけている。*Seeing What's Next: Using the Theories of Innovation to Predict Industry Change*（2004年、HBS Press、邦題『明日は誰のものか──イノベーションの最終解』）の共著者の1人。マッキンゼー入社前は、OnStarの立ち上げコアメンバーとしてマーケティングと商品開発の先頭に立ち、それ以前はコンサルタントとしてブランド戦略、コンシューマーインサイトや新商品開発に関するプロジェクトに携わった。ハーバード・ビジネススクールにてMBAを取得、ミドルベリー大学にて国際政治・経済学の文学士号を取得。

ウルリヒ・ネーアー

マッキンゼー・アンド・カンパニー
ディレクター

ハイテクおよびグローバル・プロダクトディベロップメント・セクターのリーダーの1人。
1996年に入社後、アジアおよびヨーロッパのエレクトロニクス企業を中心に商品戦略やオペレーションなどのコンサルティングに従事している。マッキンゼー入社前はシーメンス（ドイツ・ミュンヘン）のリサーチ研究所に所属していた。ミュンヘン工科大学にて物理学および数学を専攻、マックス・プランク固体科学物理化学研究所（ドイツ・シュトゥットガルト）にて博士号を取得。

野中 賢治 （のなか・けんじ）

マッキンゼー・アンド・カンパニー
アソシエイト・プリンシパル

情報通信企業、エレクトロニクス企業を中心とした、ハイテク・テレコム業界のコンサルティングに従事。事業ターンアラウンドや組織変革、企業グループのマネジメントなどの経営課題解決を支援している。イノベーションの仕組みの埋め込み、R&Dシーズの事業化支援、知財（IP）マネジメント、などイノベーション戦略・組織に関する分野でも活動している。ハイテクセクターのリーダーの1人。東京大学法学部卒業。

している。また、個別製品向けのコンポーネントの作り込みが減少した結果、エレクトロニクス業界に大きな構造変化がもたらされた。日本企業が得意としてきた技術的な差別化だけに頼ることはもはやできない。イノベーションプロセスは、より包括的かつより効率的でなくてはならず、短期かつ効果的な製品化が必要となる。求められるイノベーションの実現には単に「デバイス」に集中するだけではなく、ビジネスモデル全体をスコープとする必要がある。

● "The Attacker's Advantage（アタッカーのアドバンテージ）"

過去の成功は、未来の成功を阻む敵である。マッキンゼーでは、これを"The Attacker's Advantage（アタッカーのアドバンテージ）"と呼んでいる。新規参入（アタッカー）企業のほうが既存（ベテラン）企業よりも、より集中できるイノベーターになりやすいことは実証されている。挑戦者である新参企業は、失うものがないため、より大胆なアイデアに進んで着手している一方で、既存企業はコアビジネスを守るために過剰な時間と貴重なリソースを割いているのである。数年前に調査を行った際にも、歴史のある企業ほど、企業価値の平均伸び率が大幅に鈍化していることが明らかになっている*1（図表1）。過去数十年間にわたり、世界への挑戦者であった日本企業は、今では、韓国、台湾などさまざまな国の企業から追われるベテランとなっているのである。日本企業が変わるためには、意思決定プロセスや社風を見直し、革新的な行動を束縛するような習慣や行動を捨て去る必要がある。

未来のリーディング・イノベーターとなるための条件

私たちが会うCEOは誰しもイノベーションの

図表1　アタッカー企業の業績はベテラン企業のそれを大きく上回る

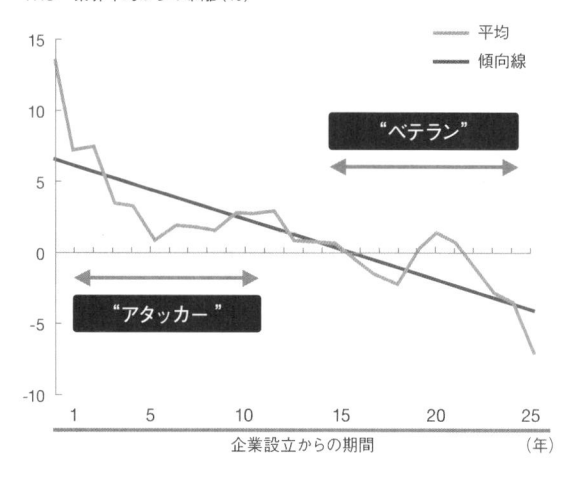

*Total Return to Shareholders＝特定期間の株価増減に配当を加えたものを期間開始時点の株価で割ったもの

パフォーマンスを高めたいと考えており、成功するイノベーションの性質が変化してきていることも理解している。しかし、多くの企業が、成功に必要な要素を兼ね備えているにもかかわらず、イノベーションを推進し、加速させるための**包括的なフレームワークを持ち合わせていない**。企業のリーダーは、会社全体のパフォーマンスの向上を目標としつつも実際は個々のパイプラインに賭ける、といったイノベーションというギャンブルに挑むことになり、結果としてそれがフラストレーションの源となる傾向がある。

イノベーションとは、既存の知識、関係性や無形・有形資産を新しい形で活用し、持続可能な価値を創出することを意味する。そして、イノベーションには、製品、サービス、ビジネスモデル、プロセスや経営などさまざまなタイプがある。イノベーションに関するパフォーマンスのベストプラクティス、つまり、私たちが言うところの"Innovation at Scale"は、いかに**全社を巻き込み、再現可能な、一貫したアプローチでイノベーションを実現できるか**にかかって

いる。イノベーションを、その時限りの課題として捉えるような企業に大きな成長は望めない。

イノベーションは、発明とは異なり、研究開発の産物ではない。つまりR&Dはイノベーションの代替品にはなり得ない。研究開発は必要だが、それだけでは不十分なのである。研究開発費とパフォーマンスの相関関係、あるいは申請している特許の数と財務実績の相関関係は必ずしも高くなく、まったく相関がないこともしばしばである。言い換えれば、研究開発投資をいくら行ったからといって期待したイノベーションの達成に至るわけではない。

イノベーションは経済状況の如何を問わず必要なものである。 不況期は、企業がイノベーションへの投資を改めて見直すいい機会となる。過去の例を見ても、不況期に大きなブレークスルーイノベーションが生まれた例はいくつも存在する。特に、1947年のAT&Tによる携帯電話の発表や、1981年のIBMによるパーソナルコンピュータの発表は、市場の流れを変えた。これらの時期、米国のGDP成長率はマイナスであった。企業によっては、特定のカテゴリーの成長率や競争ダイナミクスに応じて投資額の増減を判断するところもあると思われるが、投資を止めることは選択肢に入れるべきではない。不況期は、ローエンドセグメント市場の獲得可能性の探求、また、市場回復期における成長の取り込みに向けた事業の再構築などビジネスモデルの再考を行う機会となる。

"Innovation at Scale"を達成する5つの条件

革新的な企業であるほど、より多くの価値を創出している。マッキンゼーが最近実施したGlobal Innovation Benchmarking Survey[*2]によると、**強力なイノベーター企業は競合に比べて10〜15％以上速く成長し、収益も平均で3％上回っていることが判明した。** サンプル企業の上位25％については、競合他社の2倍のパフォーマンスとなっていた。成功する企業では、イノベーションのパズルのピースの1つ1つがうまくかみ合っており、より高いパフォーマンスレベルを実現するイノベーションを創出する仕組みが構築されているのである(図表2)。

成功しているイノベーター企業と他社との違いは何なのだろうか。実は、マッキンゼーが関わった企業のほぼすべてが、成功企業であるかどうかに関係なく、成長アイデアのポートフォリオ、段階ごとに進捗チェックの仕組みを取り込んだビジネス構築のプロセス、シニアマネジメントレベルでの意思決定、組織横断的な人材活用、新たなアイデア創出に向けた外部ネットワークの活用といった、一般的に必要とされるイノベーションマネジメントの基本的な要素を備えているのである。

これらの要素はすべて必要であるが、それだけでは成功することはできない。成功と失敗の分かれ目、つまり、"Innovation at Scale"を達成するための条件は、以下の5つにまとめることができる。

図表2　イノベーション力が高い企業は成長性、収益性ともにぬきんでている

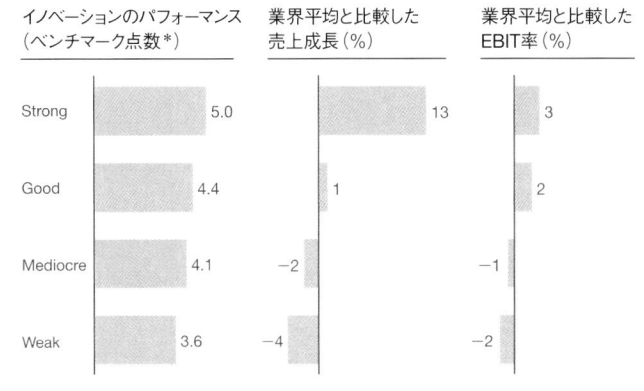

	イノベーションのパフォーマンス（ベンチマーク点数*）	業界平均と比較した売上成長（%）	業界平均と比較したEBIT率（%）
Strong	5.0	13	3
Good	4.4	1	2
Mediocre	4.1	−2	−1
Weak	3.6	−4	−2

＊イノベーション力に関するさまざまな側面のベンチマーク：最小＝1、最大＝7

1. イノベーションを起こす分野、タイミングとアプローチを慎重に選ぶ（Where、When、How）。クリエイティブなアイデアと幸運だけに頼らない。
2. 経営トップから進んで従来の慣行・慣例に風穴を開ける。イノベーションの制約、聖域や障壁を内部から取り払っていく。
3. さまざまな角度・深度のインサイト（洞察）を駆使する。インサイトを活用して解決するべき問題と注力するべきイノベーションを特定する。
4. リスクのバランスの取れたポートフォリオを維持する。結果や成功・失敗の判断を早期に下さずに、反復継続する。
5. イノベーションを実現する組織を作る。サイロ（縦割り組織）にせず、多様性のある人材ネットワークづくりに投資する。

イノベーションを通じて、その場限りの成功を収めることは比較的容易であるが、確実に成功を持続させることはきわめて難しい。これら5つの条件に1つ1つ対応することはできるかもしれないが、それでは成功はおぼつかない。より重要なのは、イノベーションというパズルを完成させるために、これらの要素（ピース）をどのように組み合わせればよいのかを理解した上で、うまく変革プロジェクトとして組織に埋め込んでいく過程にある。そうすることで、組織は、短時間、低リスク、低コストでイノベーションを起こすことができるのである。

"Innovation at Scale" を実現するための打ち手

イノベーションは、企業を取り巻く環境に大きく左右されるため、イノベーションパズルを完成させるためには、競争環境に応じて、適切なピ

図表3 'Innovation at Scale' の実現に向けた5つのレバー

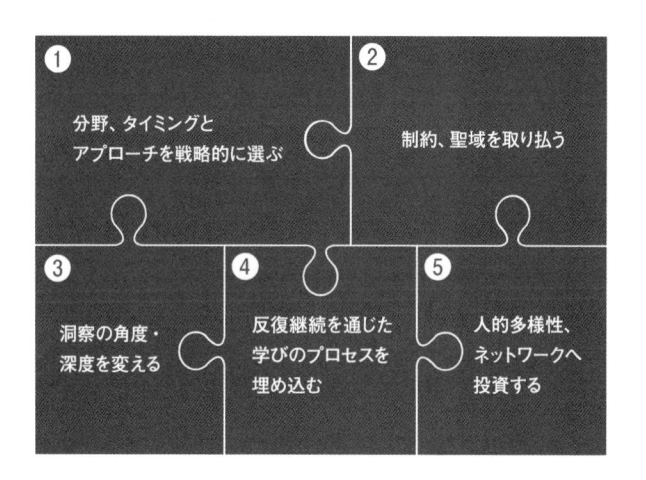

| 1 分野、タイミングとアプローチを戦略的に選ぶ | 2 制約、聖域を取り払う |
| 3 洞察の角度・深度を変える | 4 反復継続を通じた学びのプロセスを埋め込む | 5 人的多様性、ネットワークへ投資する |

ースを、適切な部分に、最適な順番で当てはめていく必要がある。以下、5つの重要な「パズルのピース」について詳細に述べたい（図表3）。

1. イノベーションを起こす分野、タイミングとアプローチを慎重に選ぶ

パズルは、まず周りの縁から組み立てていく。縁のピースをなるべく早く見つけ、おおよその全体像を把握することにより、パズルをどう組み立てていくべきか考えることができる。この視点を持つことは、会社として投資するべき分野、適切な参入タイミング、そして価値を最大化させる手段を考える上で重要な意味を持つ。イノベーション戦略は、Where to Play（どこを攻めるか）、When to Engage（いつ始めるか）、How to Win（どう攻めるか）のすべての疑問に答えられるものでなくてはならない。何のイノベーションに投資するのかを組織に対して明確にする必要がある。すなわち、トヨタのようにプロセスイノベーションに取り組むのか、アップルのように製品コンセプトのイノベーションに注力するのか、リーディングイノベーターとファストフォロワーのどちらを目指すのかなどを明らかにする。イノベーションにはさまざまな形態が

あるが、いずれにしても、優れたイノベーターは自分たちが目指す姿を明確に把握している。

イノベーション戦略の強化とその一貫性は、本来企業のあらゆる成長プロジェクトにおけるイノベーション・プロジェクト・ポートフォリオ、および個々の具体策に反映されてくるものである。しかし、実際のこれらの具体策には全社戦略との整合性に欠けるものが多数含まれる。これらの個々のプロジェクトから、根底にある一貫した戦略を見出すことは困難な場合も多い。

多くの企業が、どの分野のイノベーションに投資するべきかの判断に頭を悩ませており、実際、これはごく一般的な悩みである。リーダーたちは、「最小限、最大、最良の」という漠然とした指示を出し、社員は何から始めればよいか途方にくれる。もし、イノベーション戦略を明確に打ち出すことができれば、筋道が示され、イノベーションを実現するためのリソース再配分、投資をより効果的に推進していくことができる。逆に言えばこのような指針がない限り、企業として、大きな賭けに出ることは難しい。

グローバルマーケットの舞台では、企業は、消費者、顧客、技術そして業界に関するインサイトを組み合わせ、イノベーションという賭けに出るための正しい視点を見つけなくてはならない。ここでは、既存のソリューションでは十分対応されていない顧客のニーズや、新たなニーズが生まれている分野が明確になってくるような視点を持つことが理想である。一旦この視点が明確になれば、イノベーションによって解決可能な根本的な問題をより深く掘り下げていくことができるのである。

組織としては、ソリューションスペースの範囲を明確に定める必要がある。経営陣は、視点を定めイノベーションテーマを定義しなくてはならない。さらにイノベーションプロセスにマネジメントが一貫して関わることで、有望な成果が見込まれる「枠に縛られない」取り組みを守り、偶然の産物が生まれる機会を確保することもできる。イノベーションテーマの定義の際には、組織が進むべき道筋とスピードを明示する必要がある。また、成長目標を達成するためにどのタイプのイノベーションがどの程度必要なのかについては、財務パフォーマンスと常に連動していなければならない。

新たに共有するイノベーションに対する価値観を、企業全体として正しく認識する上で、言語は不可欠な要素である。**共通言語**によって成功像を描き、コミュニケーションを図ることが重要となる。自社にとってのイノベーションの意味合いや、追求するべきイノベーションのタイプを定義するというごく簡単な作業に立ち往生する企業を私たちは数多く見てきた。CEOと経営陣は、共有する価値観を示す共通言語でイノベーションに対する自身の信念について語ることによって、この終わりのない議論を断ち切ることができる。

2．経営トップから進んで従来の慣行・慣例に風穴を開ける

パズルを組み立てる際、ピースを探し、同じ色の部分を探し、当てはまる場所を探す、という一連の反復プロセスに入る。これは、ある部分についてはうまくいく手段であっても、他の部分では異なるアプローチが必要となる可能性がある。**特定の慣習を打ち破り、イノベーションの制約、聖域や障壁を内部から取り払っていくことが必要になるのである**。新しいことを学ぶことに消極的な姿勢は、イノベーションの成功の障壁となる。私たちはこの障壁をOrthodoxies（慣行・慣例）と呼んでいる。

どの組織にも、過去に成功した実績から生まれたマインドセットや行動パターンが存在する。機会の捉え方や意思決定手段もこれに影響される。これらの慣行・慣例は、「規範」という形でプロセスや日常業務に反映されることで、企業の効率性を向上させ、過去の成功

を繰り返し実現し、失敗を防ぐ。ただし、これは良くも悪くも企業のイノベーションカルチャーに影響するものでもある。慣行・慣例は、過去に由来するものであるゆえに、パフォーマンスの内的外的要因が変化した場合、もはやその目的を果たすことができない。そしてこの慣行・慣例は、経営トップが打ち破っていかない限り、永遠に存続し続ける。一般的に見られる例としては、新しい技術により市場に非連続な変化が生じた際でも、既存ビジネスモデルへの投資に固執してしまうことや、新しいイノベーションコンセプトを推進する上で外部あるいは市場の洞察を十分活用していないことなどが挙げられる。慣行・慣例は、イノベーションに関する意思決定を下す際に影響する、地域的・文化的な差異からも生まれる。

私たちが実施したリーダーシップとイノベーションの関係に関する調査では、経営陣がイノベーションを重視している企業であるほど、リーディングイノベーターであることがわかっている。最近、私たちが会ったあるグローバル電機メーカーのCEOは、自社のイノベーション力を変革・強化したいと考えており、現在のファストフォロワー的思考を、デザインや技術でリードしていくようなイノベーター的思考に変革していきたいと語った。このような大規模な転換を図る場合、過去の成功方程式、つまり、競合製品の徹底的な分析、デザインの改良、マーケットシェアを確保するための重点取引先への集中など、この企業にこれまで世界的な成功をもたらしたマインドセット自体を変えていく必要が生じる。変革は、経営トップ自らが強いコミットメントを示し、リスクを取り、実際に時間を使い、新しい思考を埋め込んでこそ実現するのである。

イノベーションパフォーマンスを、**戦略プロセスとビジネス・プランニングプロセスに統合**できる企業こそが、慣行・慣例から自らを解き放ち、イノベーションを加速させることができる。イノベーションを損益計算書の項目として扱うだけでは不十分であり、プランニングプロセスの1つの要素として考える必要がある。パフォーマンス目標は、例えば3Mが収益の35％は過去4年以内に発売した製品から上げる、という基準を設定したように収益ベースで設定することができる。また、P&Gが新しいアイデアのうち50％は外部のソースから獲得すると目標を定めたように、ソースやボリュームの目標を設定したり、あるいは、ノキアのように製品化までにかかった時間（Time-to-Market）によって報酬が決まる"Speed-to-Market"の目標を定めることも可能である。目標のタイプに関係なく、リーダーシップからラインに至る組織全体にとってイノベーションは不可欠なものである。

3．さまざまな角度・深度の インサイトを駆使する

パズルを組み立てている最中、いろいろなピースを眺めていると突然「なるほど！（Aha!）」の瞬間が訪れ、ぴたりと当てはまる時がある。このようなひらめきは、そこにある問題を**さまざまな角度あるいは視点から見る**ことによって出てくるもので、必ずしも独創的なアプローチ

から生まれるものではない。イノベーションについても同様である。技術に関する深い専門知識や顧客に関する高度な理解だけでは不十分である。リーディングイノベーターは、イノベーションプロセスを通じて積極的にさまざまな角度・深度のインサイトを駆使している。インサイトを活用して、解決すべき問題と注力すべきイノベーションを特定するのである。そして、イノベーションを効果的に推進するためには、適切なタイプと深度のインサイトを適切なタイミングで収集する必要がある。

　一般的に、洞察力は想像力と混同されやすい。つまり、多くの人々は「自分たちの洞察は"インサイト"といえるほどクリエイティブでも斬新でもない」と思っているということであるが、これは間違いである。真の変化をもたらすためのアイデアは斬新である必要はない。想像力は常に必要なものではあるが、最も優れたイノベーションは、クリエイティブな製品・ソリューションを生み出し、どこに使えるかを特定することではなく、まず、問題を解くことから始まるのである。

　インサイトは、新しいアイデアを創出するためというよりは、アイデアをさまざまな角度や深度から検討するという点で意味を持つ。そして何よりも重要なのは実行すること、つまり企業が、インサイトと自社の技術を組み合わせてソリューションを導き出すことである。さらに、適切なポイントに適用する形で、これらのインサイトを確実に開発プロセスに組み込んでいかなければならない。まず、**問題を特定することから始めない限り、企業は「なるほど！」というソリューションを生み出すことも、ひらめきを生むこともできないのである。**

　幸い、この課題は1人で取り組むものではない。"Innovation at Scale"を追求する企業は、人と人をつなぐネットワーク基盤を構築することで、1人1人のインサイトを結集させ成長をもたらす、すぐれた解を導き出すことが可能である。

4．リスクのバランスの取れた　　ポートフォリオを維持する

　イノベーションを実現する上で、アイデアを集める個々の施策のポートフォリオを積極的に管理することは重要な要素となる。ポートフォリオに関する意思決定は、そのままイノベーション戦略の実行につながる。**優れたポートフォリオに見られる長所の1つはそのバランスである。**バランスを維持することで、経営陣は、リスクを管理するとともに、既存の中核的な成長領域と新たな成長領域の両方を支えるビジネスコンセプトを選択できるようになる。具体的な施策の透明性を高め、適切な指標を設けることも、優位性のある企業としてのポートフォリオ管理を行う上で重要な要素である。

　革新的なアイデアの進捗状況をモニタリングする上で、積極的な施策管理とパフォーマンス評価はきわめて重要だが、同時に評価プロセスをあまり厳格にしすぎるとアイデアの探求や試行錯誤ができなくなるということも気に留めておきたい。結果や成功・失敗の判断を早期に下さずに、反復継続する必要がある。多くの企業は、リスクを判断する「指標」を早い段階から適用し、大きな可能性を秘めたアイデアを早々にお蔵入りにしたり、すでに出回っているありふれたアイデアに作り替えてしまう傾向がある。ステージごとに確実性を証明しなければならないことを優先するがために、チェックポイントとして本来有用であるはずのステージゲートがかえって障害となっているのである。企業において、大きな可能性を秘めた初期のビジネスモデルやプロダクトイノベーションが、プロジェクトの承認を得る段階で十分な将来性を示せないと判断されて、投資が断念される場面を私たちは数多く目の当たりにしている。極端に言うと、破壊的あるいはブレークスルーイノベーションを起こす余地

を企業からなくしてしまうことになるのである。

よって、確実にイノベーションプロセスを実現し、ポートフォリオについて最良の決断を下せるようにすることが経営トップの使命となる。試行錯誤を繰り返しながらイノベーションを生み出すためには、**初期のイノベーションポートフォリオとマーケットへアイデアを送り出すための開発・上市施策とを明確に切り離す**必要がある。

組織のガバナンス体制でも、意思決定権を明確にし、イノベーションに関する決定を行うための合意形成の場を設ける必要がある。ポートフォリオに関する意思決定は容易なことではないため、優良企業では、CEO自らが、あるいは場合によっては事業部や担当事業部の代表者が、新しい事業機会を探求するべきか否かの最終的な決定を下せるような明確なガバナンスを確立している。

5. 人的多様性、ネットワークに対して投資する

パズルの最後のピースは、今まで議論したすべてに関わってくる組織そのものである。私たちにはクライアントからイノベーションへの備えに関する質問が頻繁に寄せられるが、これに対しては、仕組み、プロセスや人材の組み合わせは企業やイノベーションを取り巻く環境によって変わってくる、と回答している。ただ、どのような状況であれ、企業はイノベーションを進めていく上で最適な組織づくりを行う必要がある。経営陣は、このために積極的な役割を果たさなくてはならない。

組織としての敏捷性と柔軟性を維持することも重要である。組織は、さまざまな形態のイノベーションに対応できなくてはならない。既存の中核事業は、事業を維持する漸進的なイノベーションには適しているが、より破壊的な、ブレークスルーイノベーションを実現するためには異なったアプローチが必要となる。イノベーションが、中核を成すビジネスモデルからかけ離れたものであるほど、それを維持し、育んでいくための個別のリソースを確保することが重要となってくる。さまざまな形態のイノベーションに適応させなければならない組織的要素は体制だけではない。プロセスやツールも精緻化させていく必要がある。簡単に言うと、既存の中核ビジネスモデル（上流・下流関係、財務要件、販売チャネル）に合わせて作られたアプローチでは、性質が異なるイノベーションについては効果が出にくいということである。

イノベーションのすべてが社内に閉じた空間から生み出されるわけではない。今日、ますます多くの企業が多様なイノベーションを探求するべく、外部に目を向け始めている。このようなオープンイノベーションという考え方は、目新しいものではないが、ここへ来てそれを実現するための組織やプロセス上の障壁が取り払われてきている。企業は非常に短期間で外部の企業との関係を強化し、技術、インサイトや市況を共有することができるようになった。にもかかわらず、私たちのこれま

での経験では、多くの企業が**既存の外部との関係を十分活用できていない**。多くの場合、メーカーとサプライヤーといった、狭い取引関係があるのみである。取引形態を変え、関係を広めることで、パートナー企業がイノベーションに向けたコラボレーションの一部であることを認識して初めて、機会創出が期待される。

人材の多様性を促進する環境づくりも重要な要素である。優れたイノベーションには、それを突き動かすための多様性──年齢、専門知識、見解、マインドセット、経験──が必要となる。そのためには、組織をサイロ（縦割り組織）にせず、多様性のある人材ネットワークづくりに投資することも重要である。若い人材を養成し、経験豊富な社員と組ませ、お互いから学ばせることでイノベーションが次々と生まれる可能性が広がるのである。また、特にアジアにおいては、伝統的なイノベーション到達アプローチから抜け出すための仕掛けとして、イノベーションチームへの集中的なサポートと奨励のための誘引とKPI（Key Performance Indicators）が必要となる。

これらの5つのピースだけでは、パズルを完成させることはできないが、これらは、私たちの「Global Innovation Benchmarking Survey」を通じて得られた数多くの実例、統計データに裏付けられた"Innovation at Scale"を成功させる上で重要な柱である。

日本企業のトップマネジメントは、いま一度、会社の全体像をイメージしてみる必要があるだろう。

「自社が成功するためには、イノベーションはどの程度の重要性を持つのか」

「成長ターゲットを達成するためには、どのようなタイプのイノベーションが必要となるのか」

「打ち破るべき慣行・慣例とは何か」

「本当の問題を解決するための策を見つける上で適切な角度・深度の洞察が行われているのか」

「開発や上市に至るまで、初期段階での試行錯誤を許容し、さまざまなタイプのイノベーションを生み出すようなポートフォリオ管理プロセスは整備されているのか」

「組織体制は、イノベーションを実現できるものになっているか、あるいは阻害しているのか」

会社をフォロワーからイノベーションリーダーへ転換させる、あるいは業界トップの座を競合から死守することは容易ではない。そのためには**長い時間をかけた全社的な変革の取り組み**が必要となる。経営トップは、この変革プロセスをデザインする上で中心的な役割を果たさなければならない。そして、適切な形でイノベーションパズルを完成させ、"Innovation at Scale"を達成する責務を担う。

＊1："Creative Destruction" D.Foster and S.Kaplan
＊2：成功企業がいかに差別化を図っており、大規模なイノベーションを推進しているかについて把握するために800人の経営者に対してアンケート調査を実施。

Innovation at Scale
— Driving Innovation Performance

by Erik Roth, Ulrich Naeher, and Kenji Nonaka

Erik Roth
Erik Roth is a Principal in the Shanghai office of McKinsey & Company. His work involves a range of topics including marketing strategy, brand building, insights and marketing organization design & capability building. Erik is a leader of McKinsey's global innovation practice, and serves as advisor to many CEOs and senior executives on innovation related topics. Erik's work spans the globe, with significant projects across the US, Europe and in Asia.
Erik is the co-author of the recently published *Seeing What's Next: Using the Theories of Innovation to Predict Industry* Change (HBS Press; 2004). Prior to McKinsey, he was a core member of the team that created OnStar, and worked as a consultant on brand strategy, consumer insight and new product development. Erik holds a MBA from the Harvard Business School and a BA in International Politics and Economics, from Middlebury College.

Ulrich Naeher
Ulrich Naeher is a Director at McKinsey & Company's Tokyo office.
He is co-leading McKinsey's Japanese High Tech Practice and global Product Development Practice. Since joining McKinsey in 1996, he has served clients in the field of electronics in Europe and Asia, mainly on product strategy and operations.
Prior to joining McKinsey in Ulrich worked for Siemens' Research Labs in Munich. He holds a Ph.D. in physics from the Max-Planck-Institute for Solid State Physics, Stuttgart, and has studied Physics and Mathematics at the Technical University of Munich.

Kenji Nonaka
Kenji Nonaka is an Associate Principal at McKinsey & Company's Tokyo office. Kenji has served various companies in high-tech and telecom industries as an expert of business turnaround, organizational transformation and corporate governance. He is also active in innovation area specifically innovative planning process implementation, commercialization strategy and IP management. He is co-leading Japanese high-tech practice.
Kenji holds a B.A. in Law from Tokyo University.

Japanese companies have for several decades been among the leading innovators in the world. There are countless examples when "made in Japan" changed the world. The Walkman changed the audio entertainment experience of consumers worldwide. The hybrid engine started a revolution in green technologies for vehicles globally. Service offerings for mobile phones – now booming in all regions – originated in Japan with i-mode. Process innovations in manufacturing initiated step changes in efficiency and quality of products, first in Japan, then all over the world.

Having earned all this credit, we should not lose sight of the fact that **the world is changing**. There are three good reasons why the way we innovated in the past might not be sufficient in the future:

- **Shift to consumer insights-driven innovation:** In many areas, technical progress has outpaced customer needs, leaving products over-engineered in their core performance, be they cars or television sets. It is becoming increasingly difficult to impress customers and, more important, have them pay for further technical improvement. Hence, **the source of innovation is moving steadily from technical progress to understanding market needs**. Often, it is more important to have the best user interface and solution offering than the latest technical gadget. An in-depth understanding of end-customer needs and behaviors, which differ strongly by customer segment and region, is the most important factor to tailor new, innovative solutions. This is a challenge for companies that are

FIGURE 1 Attackers perform significantly better than incumbents

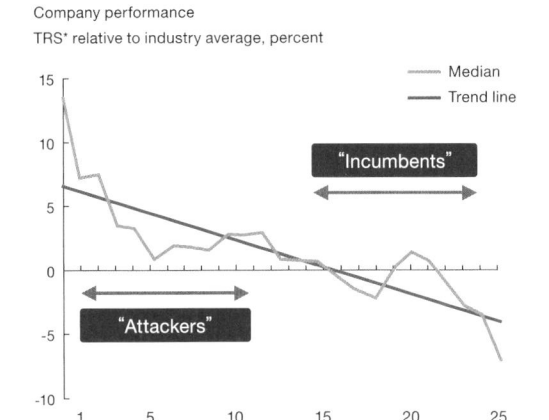

Company performance
TRS* relative to industry average, percent

*Total Return to Shareholders =
(change in share price for period x + dividends)/initial share price in period

inward focused, i.e., driving innovation from within company boundaries.

- **Accelerated commoditization:** Many product categories are **commoditizing faster**. For example, the shift from analog to digital has broken up the structure of the entire electronics industry. Integration of components into products is simpler, access to critical intellectual property is easier, and barriers for new entrants are lower. Japanese companies can no longer rely on differentiating technical ideas. Innovation processes have to become more holistic and more effective as rapid and successful commercialization become necessary.

- **The attacker's advantage:** Past success is the enemy of the future. We call this "**the attacker's advantage**." Newcomers are better innovators than incumbents. Attackers have bolder ideas and nothing to loose, while established companies spend too much time and their best resources defending their core businesses. Some years ago, we examined this behavior in depth, showing that, on average, growth of company value slows significantly with company age*[1] (**FIGURE 1**). While Japanese companies were global attackers over the last few decades, they are now incumbents under attack from Korea, Taiwan, and elsewhere.

What makes leading innovators of the future?

Every CEO we met wants to improve innovation performance. Most agreed that the nature of successful innovation is changing. However, although they have in place many of the pieces necessary to succeed, they often **lack a holistic framework** to drive and accelerate innovation in their companies. Hence, innovation tends to be somewhat of an annual gamble and source of frustration as company leadership bets on a pipeline in the hope that it pays off and meets performance objectives.

Innovation is applying knowledge, relationships, or tangible and intangible assets in a novel way to create sustained value. It exists in many forms, including products and services, business models, processes, and management. Best practice innovation performance – or "innovation at scale" – is the **ability to engage an entire enterprise in innovating in a replicable and consistent manner**. Companies that treat innovation as a one-off exercise cannot achieve scale.

Innovation is not invention, which emerges from research and development efforts. As such, R&D is not an accurate proxy for innovation. R&D is a necessary component, but is insufficient on its own. The correlation between R&D spending and performance, or even number of patents filed and financial results, is at best loose, and often missing altogether.

Innovation is required regardless of economic climate. Even times of economic weakness are valuable opportunities to re-focus an organization's innovation investments. History is full of examples of significant breakthroughs born out of economic turbulence. Downturns force companies to think differently about how to drive growth through innovation. In particular, launches like the wireless telephone by AT&T in 1947 and IBM's personal computer in 1981 changed the game. GDP growth in the United States during both these periods was distinctly negative. Companies might consider ramping investment up or down based on growth in their sectors and competitive dynamics, but stopping investment should not be an option. Downturns force companies to rethink business models, create opportunities to target value from low-end segments, and necessitate investment to capture growth during the recovery.

Five elements of Innovation at Scale

Innovative companies create more value. Our recent Global Innovation Benchmarking Survey*[2] found that **strong innovators grow 10 to 15 percentage points more quickly** than their competitors and out-earn them by 3 percentage points on average. The best innovators, those in the top quartile of our sample even outperformed these numbers by a factor of two. In these successful companies, every element of the innovation puzzle fits neatly together to create an innovation system that performs better (**FIGURE 2**).

What levers do these successful innovators apply compared with. their less successful competitors? Surprisingly, nearly all companies we looked at – whether successful or not – had the basic elements commonly attributed to good innovation management in place, namely: a portfolio of growth ideas, a stage gate business-building process, decision making at senior management level, cross functional teams, and external networks to source new ideas.

Although all these elements proved necessary, they were clearly not sufficient to succeed. What made the difference between success and failure – the recipe for innovation at scale – can be synthesized into five recommendations.

1. Carefully choose where, when, and how to innovate – creativity and serendipity alone are not enough
2. Challenge orthodoxies from the top – remove innovation constraints and barriers within the organization
3. Collide multiple insight lenses – use insights to find problems to solve and innovations to focus on
4. Manage a risk-balanced portfolio – don't bet on certainty or failure too early, but rely on iterative learning
5. Build an organization that enables innovation – invest in talent diversity and networks, not silos

While many companies can achieve one-off innovation success, supporting sustainable innovation success is quite difficult. It is not enough to execute tactically based on these recommendations. Rather, it is important to understand how all these pieces are needed to complete the innovation puzzle that supports a transformation program. With these pieces, organizations should be able to innovate faster at lower risk and less cost to core businesses.

Key actions to achieve Innovation at Scale

Since innovation is largely context-specific, putting the innovation puzzle together requires making sure a company has the right pieces and that they are assembled in the optimal manner – into the appropriate picture – for their competitive environment. Let us look in more detail at the five puzzle pieces needed to innovate at scale (**FIGURE 3**).

FIGURE 2 Strong innovators outperform their peers on growth and profit

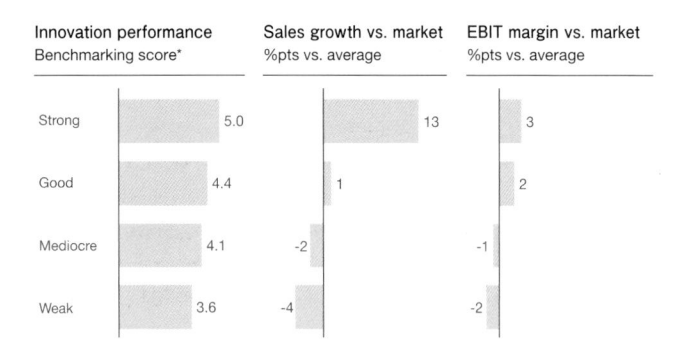

Innovation performance Benchmarking score*	Sales growth vs. market %pts vs. average	EBIT margin vs. market %pts vs. average
Strong	5.0	13	3
Good	4.4	1	2
Mediocre	4.1	-2	-1
Weak	3.6	-4	-2

FIGURE 3 5 levers for 'Innovation at Scale'

1. Strategize where, how and when to compete
2. Challenge orthodoxies
3. Accrue multiple insights
4. Apply iterative learning
5. Invest in diversity and networks

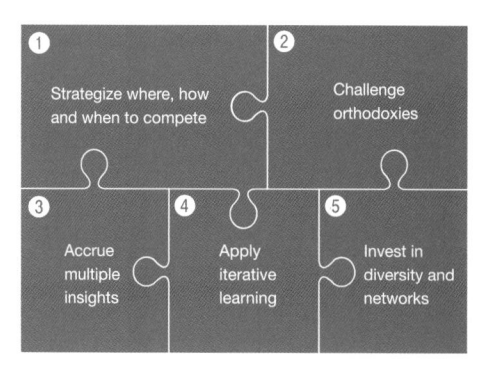

1- Carefully choose where, when, and how to innovate – creativity and serendipity alone are not enough

The first step in starting a jigsaw puzzle is finding the edge pieces. Quickly locating these pieces and getting a sense of the puzzle's dimensions dictates how one thinks about the puzzle's construction. The frame of reference strongly impacts where a company chooses to invest, when is the right time to strike and how to maximize value. Innovation strategy must provide answers to all these questions: where to play, when to engage, and how to win. It must be clear to an organization where they should invest in innovation, for example in process, like Toyota, or product design, like Apple? Should a company be first to market or an innovation fast follower? There are many different ways to innovate, but the best innovators are clear about which they will pursue.

The **strength and consistency of an innovation strategy** is reflected in a company's innovation portfolio and pipeline of all types of growth projects. Too often, we uncover portfolios full of projects that do not readily align with overall company strategy. In fact, it may be impossible to decipher a coherent strategy at all.

The question of where to invest for innovation has hamstrung many companies. Leadership demands "fewer, bigger, better" and employees wonder where to start. Clear innovation strategies provide the direction, course, and speed to guide productive investment of innovation resources. Without this guidance, companies are reluctant to place bets, especially big ones.

In global markets, companies must combine consumer, customer, technical, and industry insights to develop the right frame for innovative bets. A good frame of reference defines the spaces where customers are not well-served by existing solutions or where new needs are emerging. Once a clear frame of reference exists, innovators can go deeper to understand the core problems that innovation can solve.

Organizations need explicit boundaries for the scope of their solution space. The top team must set the frame and innovation agenda. Leadership involvement in this innovation process will help reserve space for serendipity, as lightening can always strike. An overall innovation agenda must set a clear course and speed for the company. This agenda should be linked to the underlying financial performance and provide guidance on how much of what type of innovation is required to meet growth goals.

Language is an important component to align a company around a new shared set of innovation values. Having a **common vocabulary** that both paints a picture of success and gives an organization the ability to communicate is necessary. We have witnessed too many organizations paralyzed from the simple exercise of defining what innovation means to them and the types of innovation they want to pursue. The CEO and top team can truncate this potentially endless debate by communicating their belief in innovation across the organization using a common language of innovation and a shared set of values.

2- Challenge orthodoxies from the top – remove innovation constraints and barriers within the organization

When piecing together a puzzle, it can become easy to fall into a repetitive process – pick a piece, choose a color, find a match – a good strategy for one part of the puzzle, but certainly not for the entire space, which might require different approaches. Unwillingness to **unlearn one way of doing things** to adopt another becomes a barrier to successful innovation. We call these barriers orthodoxies.

Every organization has orthodoxies – mindset and behavior patterns born out of successful historical operating experiences. They shape how organizations perceive opportunities and make decisions. Orthodoxies take the form of "norms" – processes and routines that help a company achieve efficiency, repeat successes, and avoid failures. They shape a company's innovation culture, both positively and negatively. Orthodoxies are rooted in the past. When external or internal drivers of performance change, they no longer serve their purpose. However, they remain, unless explicitly challenged by top management. Common orthodoxies range from an over-reliance on investment in existing business models when faced with obvious market discontinuities to the limited use of external or market-driven insight to drive new innovation concepts. Orthodoxies also emerge as the result of geographic or cultural differences that shape the way innovation investment decisions are taken.

Our research on the interaction between leadership and innovation shows a strong correlation between leading innovators and the degree to which innovation is a senior management team priority. Recently, we met with the CEO of a global consumer electronics manufacturer who wanted to transform his company's ability to innovate. He wanted to change the company's fast follower mentality to one of design and technology leadership. Such a dramatic shift would challenge the long-held, prevailing wisdom of combining product tear downs with an enhanced re-design and push onto their trade partners – a mindset that had made the company an international success. Only with strong personal commitment, risk taking, and dedicated action from the top management can this change happen.

Companies that integrate innovation performance into the **strategic and business planning process** have a better chance to break orthodoxies and drive a more rapid innovation transformation. It is not enough to make innovation a line item in the income statement; it needs to be an explicit element in the planning process. Performance targets can be revenue driven, such as 3M's target that 35 percent of revenue must come from products introduced in the past four years. They can also be source and volume targets, like P&G's target that 50 percent of new ideas should be external, or speed-to-market targets, such as Nokia's decision to have speed drive compensation. Regardless of type, performance targets make innovation integral to an organization from the leadership to the line.

3- Collide multiple insight lenses – use insight to find problems to solve and innovations to focus on

When piecing together a puzzle, the "aha" moment occurs with a random glance from one piece to another that suddenly becomes a match. This instant connection often comes from **looking at the problem from a different angle or perspective**, not necessarily from a more creative approach. The same holds true for innovation. Having deep technical expertise or sophisticated customer understanding alone is usually not enough. Leading innovators rigorously apply and collide multiple insight lenses throughout the innovation process. Doing this well requires having the right types and depth of insight at the right time.

People confuse being insightful with being creative. What they often really mean is that they do not feel that the insights they have are creative or novel enough. This is a false connection – to generate a real shift, an idea does not have to be new. While there is always a role for pure creativity, the best innovations are driven by first uncovering a problem, not coming up with a creative solution and then finding a place to apply it.

These insights are more a question of using and combining new lenses to look at the idea, than making the idea itself new. It is also a question of execution. Companies need to combine insight with their technology to create solutions. They have to fully integrate insights into their development process to ensure that they are applied at the right points. **Only by looking for problems first, can companies create effective solutions** and enable "aha" moments.

The good news is that no one needs to do this alone. Companies seeking innovation at scale can achieve it by connecting and networking groups of people who can build on each other's insights to create bigger concepts that can become growth platforms.

4- Manage a risk-balanced portfolio – don't bet on certainty or failure too early, but rely on iterative learning

Skillfully managing a company's idea pipeline is an essential piece of the innovation puzzle. Portfolio decisions translate innovation strategy into action. **One of the strengths of a good portfolio is balance**. Balance helps manage risk, but also allows senior teams to select business concepts that both sustain the core and support new growth platforms. Gaining pipeline transparency and applying the appropriate metrics are important enablers of best-in-class portfolio management.

While we strongly recommend pipeline management with performance gates to monitor progress of innovative ideas, we would like to warn that too rigid an evaluation process limits exploration and experimentation. Many companies apply risk "metrics" very early and quickly rule out potentially big ideas or force them to become dull versions of what is already out there. The need for certainty at every stage turns stage gates intended to be helpful checkpoints into obstacles. We often observe that companies fail to invest in promising early-stage business model and product innovations that cannot pass the certainty tests required to get a project approved. In extreme cases it can mean that the capability for disruptive or breakthrough innovation does not exist at all.

It is the role of senior leadership to enable a robust front-end innovation process and ensure the best portfolio decisions are made. Creating more experimentation and exploration for the purpose of innovation requires clear **separation of the front-end innovation portfolio from the development and commercialization pipeline** that takes ideas to market.

The governance structure of a company should provide clarity on decision rights and have a set meeting routine to decide on innovations. Given that portfolio decisions can often be difficult, the best companies create clear governance where the company CEO – or, in the case of a business operating unit, the business unit head – casts the deciding vote.

5- Build an organization that enables innovation – invest in talent diversity and networks, not silos

This final piece of our puzzle is the organization itself – the critical enabler of everything we have discussed. Clients approach us weekly, asking how to organize for innovation. We answer that the exact mix of structure, processes, and talent vary depending on the company and innovation context. No matter what the context, a company has to be designed right to innovate. Senior leadership must play an active role in ensuring this happens.

Preserving **organizational agility and flexibility** is important. An organization needs to be able to accommodate different forms of innovation. While the existing core business is well suited to drive the incremental type that sustains the business, more disruptive and breakthrough forms of innovation require separate support. The further from the core business model an innovation ventures, the more important it is to protect and nurture it with separate resources. Structure is not the only organizational element that must be adapted to different innovation forms – processes and tools must also be refined. Simply put, using an approach designed to fit with the existing core business model (upstream and downstream relationships, financial requirements, and sales channels) will not work well for an innovation that diverges significantly from the core.

Not all innovation must come from within a company's four walls. Increasingly companies are looking outside for innovation of all types. While the concept of open innovation is not new, the difference is that support systems have dramatically lowered the barriers to pursue it. Companies can quickly develop relationships with outside companies that share technologies, insight, and information on general market conditions. In fact, in our experience most companies **under-leverage their existing relationships**. Typically, we find manufacturer-to-supplier relationships are quite transactional and narrow. The opportunity is to change the nature of the dialog and expand the relationship, so that the partners feel part of a broader collaboration.

Creating an environment that embraces **talent diversity** is another enabling element. Great innovation needs diversity to fuel it – diversity in age, expertise, perspectives, mindsets, and experience. Empowering younger talent and partnering them with experienced colleagues can unlock innovation as the two learn from each other.

***

These five pieces do not complete the entire puzzle, but are essential for successful innovation at scale, based on many examples and statistical data from our global innovation benchmarking.

Top management of Japanese companies should take a step back and start imagining what the big picture looks like for them. How important is innovation to the success of the company? What type of innovation is going to be necessary to drive the required growth? What are the orthodoxies in the company that need to be challenged? Are the right types of insights being collided to develop solutions to real problems? Is there a portfolio management process that allows for exploration in the front end and different types of innovation to flourish through development and commercialization? Will the organization design enable or constrain innovation?

Moving a company from a follower position to become an innovation leader, or defending industry leadership against attackers, is not easy. It requires a **multi-year transformation program** for the entire company. Top management must take an active role in shaping this change process, putting the innovation puzzle pieces together, and achieving innovation at scale.

---

*1: See "*Creative Destruction*" by D.Foster and S.Kaplan.
*2: 800 managers surveyed in order to understand how successful companies set themselves apart as well as how they innovate at scale.

日本発クリーン・テクノロジーが世界をリードする

photo: Hideji Umetani

　2009年12月、コペンハーゲンで国連気候変動枠組み第15回締約国会議（COP 15）が開催された。COP 15の結果については成否両論があり、特に気候変動に対する対応の遅さについては懸念が表明されている。ただし今回の会議においては法的な条約締結には至らなかったものの、多くの重要な進展が見られたことは評価される。まず、京都で行われたCOP 3とは異なり、米国や中国を含む主要国の全てが参加したこと。次に、林業や土地利用など温室効果ガス削減のために非常に重要な要因となる主要な産業の全てが議題として網羅されたこと。そして、多くの国が温室効果ガスの大幅な削減を確約したこと。日本は2020年までに1990年比で25％の温室効果ガスを削減することを確約した。これは他国に比べ、特出した内容である。

COP 15と日本への意味合い

　日本を含む多くの国は、確約した温室効果ガスの削減目標を達成するために数々の課題に取り組まなければならない。排出権の買い取り戦略を含む国家戦略や政策の変更も必要であろう。マッキンゼーが温室効果ガス削減機会を試算したところ、日本の場合、削減目標に対する未達分、年間2億トンを排出権買い取りに依存する可能性がある。これは、二酸化炭素（CO_2）価格の設定によっては、日本円換算で年間6000億円から1兆2000億円もの費用が発生することを意味する。この数値は国家予算の1％以上である。

　このような課題がある一方で、温室効果ガス削減目標の達成への取り組みにはプラス面が存在することも事実である。すなわち、温室効果ガス削減を実現する技術や製品に対する需要の急増による、「クリーン・テクノロジー革命」の本格化である。

　温室効果ガス削減のための技術・製品を提供できる競争力のある企業は、この新たな需要から利益を生み出すことができる。ハイブリッド・カー、省エネ鉄鋼生産技術、さらにCO_2の分離・回収・貯蔵（CCS = Carbon Capture and Storage）。多くのビジネスリーダーや専門家が、世界をリードする温室効果ガス削減の技術を多く保有する日本の環境関連企業は海外企業を大幅に上回る利益確保が可能であると指摘している。

　2009年4月から、経済産業省では産業構造審議会環境部会の産業と環境小委員会「環境を『力』にするビジネス〜環境を軸とする新たな企業価値の創出〜」というテーマで検討を進めている。同委員会の発表資料によると、世界の地球温暖化関連の商品・サービス市場は、2005〜2015年の10年間で40％拡大し、

PROFILE

フィリップ・ラドケ

マッキンゼー・アンド・カンパニー
ディレクター

ベルリン工科大学にて技術管理修士号および品質科学博士号を取得。日本におけるインダストリープラクティスのリーダーを務めるほか、自動車・アセンブリ研究グループアジアパシフィック地域のリーダーでもある。主に、自動車関連OEMやサプライヤー、化学業界の企業を中心に、コンサルティングに従事。

デビッド・ヘンダーソン

マッキンゼー・アンド・カンパニー
アソシエイト・プリンシパル

オペレーション診断やマネジメントシステムの設計・再構築のエキスパートとして、主に自動車・半導体業界やITサービス企業のオペレーション改革に取り組んでいる。2006年から、気候変動に関する研究プロジェクトを手掛け、この成果を活用して、二酸化炭素排出量削減に関する事業機会のコンサルティングにも従事。コーネル大学でMBA、セントオラフ大学でBAを取得。

2015年には49兆円規模に成長すると予測している。また、環境分野で260万人の雇用を創出する可能性も指摘している。多くのビジネスリーダーが、環境ビジネス関連による雇用の創出や企業収益の増大により、今後予想される二酸化炭素削減のためのコストを十分カバーできるという見方を示している。

日本におけるCO_2削減の可能性

マッキンゼーの試算では、日本は温室効果ガス排出量を、2020年までに1990年の水準から5〜10％、2030年までに15〜20％削減できる。CO_2削減は、企業の排出量削減のインパクトが大きいが、エネルギー供給における炭素量の改善も重要である。

しかし、日本は狭小な国土をはじめとする自然環境の特性から、再生エネルギー（水力、太陽光、風力等）の利用には制約がある。また、日本のCO_2効率は既に高水準にある。先進国間で比較すると、日本がGDP100円あたり約0.25 kg/CO_2e（二酸化炭素等量）を排出するのに対して、EU27カ国では約0.43、米国では約0.54となっている。だからこそ温室効果ガスの大幅な削減を達成するためには、既存の政策や長年の慣行を大幅、かつ迅速に変革することが求められる。

たとえば、家庭での省エネルギー促進のために、建築基準法を改訂し、二重窓や樹脂製サッシの普及を図ることもできるのはないだろうか。現在、既存の建物における二重窓の普及率は8％に留まっているが普及率の低さによる高コストも一因である。これとは対照的に、欧州などでは国土の大半が比較的温暖なイタリアですら、二重窓の普及率は25％以上である。また、イギリス、ドイツの普及率はそれぞれ64％、73％にも達している。

仮に日本が建築基準法を改訂し、二重窓や樹脂製サッシの生産量が増加すれば規模の経済によりコストを下げることができ、最終的には消費者へのメリットとCO_2の削減にもつながる。また、窓やサッシのメーカーにとってみれば、建築基準法の改訂によって巨大な新市場が創出されることになる。

日本企業の事業機会

日本国内で上記のような事業機会が存在する一方、海外にはさらなるチャンスが存在する。マッキンゼーはこの先2030年までの温室効果ガス削減について分析を行った。その結果、2030年までの世界的な温室効果ガス削減の予測値（図表1）は約380億トンのCO_2eとなることが明らかになった。このうち、日本国内で2030年までに予想される削減量は概算で3億トン程度にすぎない。このため、全世界の削減量約380億トンの99パーセント以上は、海外における削減になると考えられる。

こうした海外での温室効果ガス削減には投資が必要とされるので、ここにもさらなる事業機会が生まれることになる。マッキンゼーの分

析によると、全ての温室効果ガス削減施策の実施に必要な投資総額は、2020年には年間69兆6000億円に、2030年には106兆3000億円に達する(図表2)。この「事業活動」として行われる環境関連の投資は全産業におけるグローバルな総投資額の5〜6％に相当する。また、この投資の55％以上は中国・北米・西ヨーロッパという世界の3地域に集中している。2030年以降、中国では27兆6000億円、北米では18兆3000億円、西ヨーロッパでは13兆4000億円が年間に投資されることになるだろう。

日本にとっての朗報は、日本は自動車産業、太陽光発電産業、CCS産業等の資本集約的な産業において高度な技術競争力を有する点である。また、生産に必要な副資材や装置でも高い競争力を誇っており、日本は各産業においてクリーンテック革命で世界をリードする潜在能力を有しているのである。たとえば、ソーラーパネルの生産にはシリコン、インジウム、ガリウム、ガラスなどが不可欠だが、これら素材産業で日本は高い技術競争力を確立している。

では、日本企業は自社の可能性を十分に活用しようとしているだろうか。そして、世界をリードしているのだろうか。

確かに、電力といった一部の産業では、日本企業は明らかに世界のリーダーとなっている。たとえば、東芝や日立製作所は、原子力技術およびCCS技術で際立った存在である。東芝は、2006年にウェスチングハウスを買収し、積極的に世界進出に乗り出し、原子力発電所建設の新規契約を既に10件取り付けている。うち2件が中国、8件が米国の案件である。同社は2015年までに39件の原子力発電所の建設について契約成約を目標としており、その時点での原子力事業の売上高を約1兆円と予想している。また、日立はGeneral Electricとともに既に中国で2件の原子力発電所の契約を獲得、2015年までに原子力事業で3000億円の収入達成を目指している。

さらに、自動車産業でも日本企業は外国企業を引き離してきた。現在、日本企業は、ハイブリッド車両技術に関して明らかに優位であるし、電気車両の分野でも大きな強みをもっている。日本企業は自動車用バッテリー、モーター、あるいは他の電気車両用の主要コンポーネントにおいても、世界市場の80％というシェアを占めている(図表3)。

しかし、中国企業や韓国企業は技術や生産コストの面で進歩を続け、低コスト資材の調達においては主導的な立場を築いてきている。両国の企業は、政府から資金援助を受けることができる点でも優位な状況にある。

しかもいくつかの分野では、日本企業はシェアを失っている。特にソーラー分野では、2001〜2008年までに世界のソーラーパネル出

図表1　グローバル温室効果ガス削減ポテンシャル

(億トン) 2030年における年間CO₂e削減量

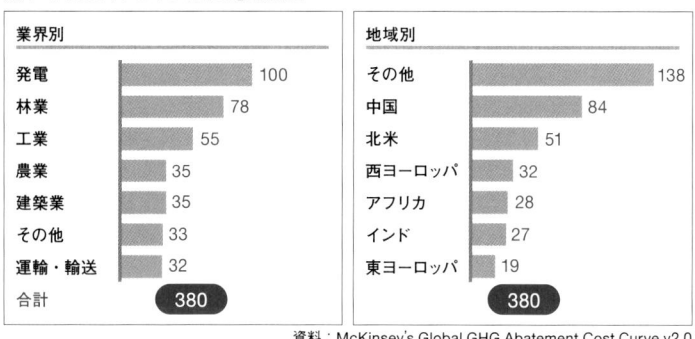

業界別	
発電	100
林業	78
工業	55
農業	35
建築業	35
その他	33
運輸・輸送	32
合計	380

地域別	
その他	138
中国	84
北米	51
西ヨーロッパ	32
アフリカ	28
インド	27
東ヨーロッパ	19
合計	380

資料：McKinsey's Global GHG Abatement Cost Curve v2.0

図表2　温室効果ガス削減施策向けグローバル投資額

(兆円／年) 2026〜2030年における年間平均投資額

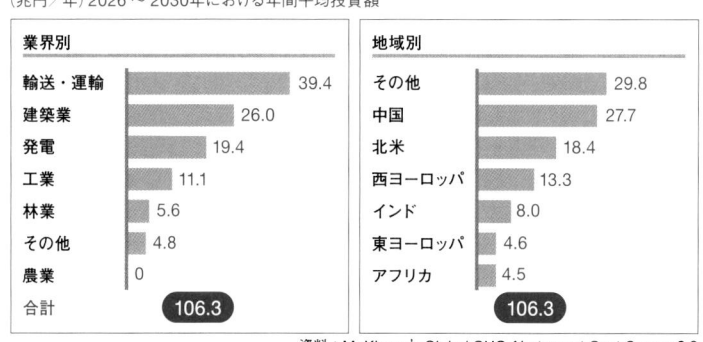

業界別	
輸送・運輸	39.4
建築業	26.0
発電	19.4
工業	11.1
林業	5.6
その他	4.8
農業	0
合計	106.3

地域別	
その他	29.8
中国	27.7
北米	18.4
西ヨーロッパ	13.3
インド	8.0
東ヨーロッパ	4.6
アフリカ	4.5
合計	106.3

資料：McKinsey's Global GHG Abatement Cost Curve v2.0

図表3　電気車両用コンポーネントの世界マーケットシェア

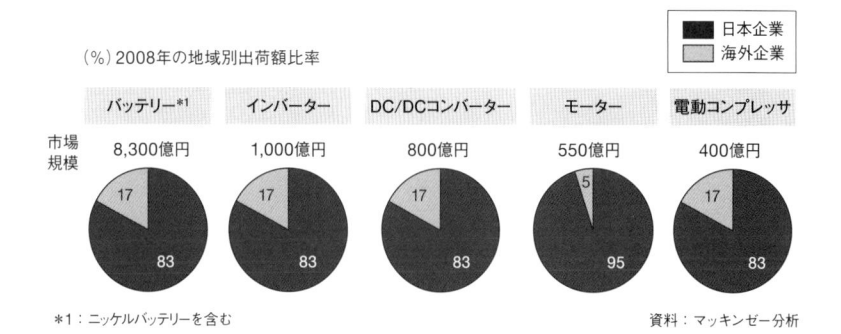

(%) 2008年の地域別出荷額比率

	バッテリー*1	インバーター	DC/DCコンバーター	モーター	電動コンプレッサ
市場規模	8,300億円	1,000億円	800億円	550億円	400億円
日本企業	83	83	83	95	83
海外企業	17	17	17	5	17

*1：ニッケルバッテリーを含む　　　　資料：マッキンゼー分析

荷量に占める日本企業のシェアは20％以上も下落した。この間、世界のソーラーパネル生産量は18倍に跳ね上がったが、日本の生産は8倍の増加にとどまっている。

　この背景には、シリコン不足に直面したことに加え、日本企業は投資タイミングで致命的なミスを犯し、需要に対応できるだけの生産能力を構築できてない、という問題がある。一方、同時期にQ-cells（ドイツ）、First Solar（米国）、Suntech（中国）、Motech（台湾）といった海外の競合企業は驚異的なスピードで市場シェアを伸ばした。なぜなら、的確なタイミングでの投資と、温室効果ガス排出量削減に向けた法整備を利用した戦略を積極的に進めてきたからである。

　タイムリーな投資を行った企業の代表例がノルウェーのREC（Renewable Energy Corporation）である。同社はソーラー電池関連の商品に特化したメーカーで、1996年に物理学の教授が設立した有限合資会社が母体である。2002年、RECは、コマツが株式の75％を保有するASiMI（Advanced Silicon Materials）と共同企業体を結成し、ソーラー用ポリシリコンの大量生産に乗り出した。また、2005年には、コマツからASiMIを買い取り、生産能力を世界3位にまで拡大、さらに2006年には株式公開によって70億ユーロの資金調達を果たした。

　シリコンバレーでは、ベンチャー・キャピタルが「今こそ投資タイミング」と考え、何十億ドルもの資本を「クリーンテック」のベンチャー企

図表4　シリコンバレーにおける「クリーンテック」ベンチャー企業の例

	主な投資会社（一例）	初期投資額（億円）
Tesla Motors（電気自動車）	Vantage Point Venture Partners / Founders of Google	927
Nanosolar（太陽光発電）	Benchmark Capital / Founders of Google	883
Miasole（太陽光発電）	KPCB / Vantage Point Venture Partners	883
amyris（バイオ燃料）	Khosla Ventures / KPCB	618
Ausra（ソーラーサーマル発電）	Khosla Ventures / KPCB	35

業につぎ込んでいる（図表4）。日本のベンチャー・キャピタルは米国のそれとは構造的な差異があるとはいえ、米国とは対照的に、日本では「クリーンテック」に対する多額の投資はまだ行われていない。

成功のための3つのレバー

　日本企業による行動が十分かどうかの判断は別として、グローバルにおける外国企業の競争が一層熾烈になることは明らかである。日本および日本企業が、外国企業とのギャップを埋めクリーンテック革命をリードするためにはグローバルな成功事例に見られる以下の3つのレバーが必要と考えられる：

①規模の経済を達成し、世界的な競争に打ち勝つために、適切なタイミングで十分な投資をすること。特に投資が必要な分野は、リチウムイオン電池、電気自動車部品、ソーラー、鉄鋼、セメント、化学品である。
②市場へのアクセスを速やかに拡大するために、海外企業の買収に取り組むこと。ヨーロッパと北米においては、買収はマーケットへのアクセスのツールとして頻繁に活用されており、日本企業も買収を行うことで、自力での成長よりも迅速に重要な市場にアクセスすることが可能になる。さらに日本の持つ世界一流の技術力の投入により、これらの市場での競争力を強化すると同時に収益の拡大を図ることができる。
③日本企業が諸外国の企業と同じ土俵に乗るには、日本政府が産業発展に向けた公正な優遇措置を実施するための官民一体の協力体制を構築すること。国内における温室効果ガス削減目標、また日本企業の目標達成方法について、政府は明確で一貫した方向性を打ち出すこと。これが、不確実性を低下させ、投資を呼び込む環境を整えるうえで効果を発揮する。

　日本には、世界にクリーンテックを提供するリーダーとなるチャンスがある。他国をリードする世界水準の技術をもち、優れた経営陣を擁する日本企業は、気候変動との戦いにおいて、世界に多大な貢献を果たすことができるだろう。
　日本、および日本企業がこのチャンスにどう対応するかが、COP 15以降、加速しつつある世界的なクリーンテック革命で日本が主導権を握るか否かを決めるのである。

＊：気候変動問題に関するマッキンゼー社の分析詳細は以下のサイト（英語）をご参照下さい。
http://www.mckinsey.com/clientservice/ccsi/

Leading the Clean Tech Revolution from Japan

by David Henderson and Philipp Radtke

David Henderson
David Henderson is an Associate Principal at McKinsey & Company's Tokyo office. As an expert of operations diagnosis and management system design and restructuring, David has served various companies in automotive, semiconductor and IT industries. Since 2006, he leads McKinsey's climate change initiative which provides consulting on the topic of business opportunities related to global warming. David holds a M.B.A. from Cornell University and a B.A. from Saint Olaf College.

Philipp Radtke
Philipp Radtke is a Director at McKinsey & Company's Tokyo office. He holds a Master's degree in Engineering Management and a Ph.D in Engineering of the Technical University of Berlin. He is the leader of Industry Sector of McKinsey Tokyo office and the Asia Pacific Automotive and Assembly Sector. His focus is consulting work on Automotive OEM and suppliers, Chemical companies and other industrial products.

In the months following the United Nations Climate Change Conference in Copenhagen, there have been mixed reviews in the press about the results of that meeting and concerns expressed about the speed of action against climate change. But although the meeting did not produce a legal treaty, there were many important breakthroughs. First, all major countries participated – including the US and China – a major difference from the Kyoto accord. Second, the meeting covered all major sectors, including forestry and land use, which are critical in reducing greenhouse gas (GHG). Third, many countries made sizable commitments to reduce GHG emissions. Japan made one of the largest – to reduce GHG emissions by 25 percent from 1990 levels by 2020.

UN Climate Change Conference – implications for Japan

Many countries – including Japan – may struggle to achieve their GHG reduction commitments and need to revise their national policies and strategies, which may include exploring emission credits. McKinsey's analysis of Japan's emission reduction opportunities indicates that Japan may need to rely on credits to cover up to 200 million tons per year, costing 600 billion to 1.2 trillion yen, depending on the price of carbon. This equates to over 1 percent of Japan's national budget for 2010.

On the upside, demand for technologies and products that can reduce GHG emissions will surge,

FIGURE 1: Global GHG abatement potential
Gigatons CO₂e per year; 2030

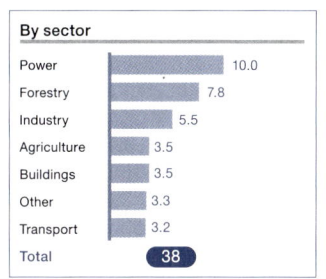

By sector
Power	10.0
Forestry	7.8
Industry	5.5
Agriculture	3.5
Buildings	3.5
Other	3.3
Transport	3.2
Total	38

By region
Rest of the World	13.8
China	8.4
North America	5.1
Western Europe	3.2
Africa	2.8
India	2.7
Eastern Europe	1.9
Total	38

SOURCE: McKinsey's Global GHG Abatement Cost Curve v2.0

FIGURE 2: Global capital investment in GHG abatement
JPY Trillions per year; 2026-2030

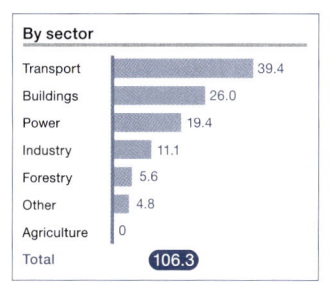

By sector
Transport	39.4
Buildings	26.0
Power	19.4
Industry	11.1
Forestry	5.6
Other	4.8
Agriculture	0
Total	106.3

By region
Rest of the World	29.8
China	27.7
North America	18.4
Western Europe	13.3
India	8.0
Eastern Europe	4.6
Africa	4.5
Total	106.3

SOURCE: McKinsey's Global GHG Abatement Cost Curve v2.0

sparking a "clean tech revolution." Companies with cost-competitive technologies or products stand to profit from new demand. Many business leaders and economists point out that because Japanese corporations hold a disproportionate amount of the world's leading GHG reducing technologies – from hybrid vehicles to carbon capture and storage (CCS) and steel production – that Japanese corporations are positioned to profit *disproportionately* from the new demand.

In April 2009, the Ministry of Economy, Trade and Industry issued an interim report titled *New Strategy for Businesses Capitalizing on Environmental Competitiveness - Creating New Environment-Oriented Corporate Value*, which forecasts that the global market for green goods and services will grow by 40 percent over the decade from 2005, reaching 49 trillion yen in 2015 and creating 2.6 million new jobs in the environmental space. Many business leaders assert that this growth in jobs and corporate profits will generate incremental profits that will more than offset the expected costs of carbon reductions.

CO₂ abatement potential for Japan

McKinsey's analysis of Japan's CO_2 emissions reduction potential shows that the country has the capacity to cut GHG emissions from 1990 levels by 5 to 10 percent by 2020, and by 15 to 20 percent by 2030. Much of this comes from further cuts to emissions by industry, but also includes improvements to the carbon content of the energy supply.

Japan's CO_2 abatement potential is constrained by factors such as natural limitations to alternative power application – hydro, solar, and wind – and by the already high levels of carbon efficiency in the industrial sector. Japan also has very low levels of emissions per unit of GDP in the developed world (about 0.25 kg/CO_2e per 100 yen of GDP for Japan versus about 0.43 for the EU 27 and about 0.54 for the US).

As a result, achieving significant GHG abatement in Japan may require dramatic and immediate changes to many long-standing policies and customs. For example, Japan could strengthen its residential building code to promote further market penetration of energy-saving double windows and resin window sashes. Double window penetration in Japan's building stock is currently just 8 percent, partly due to the high unit costs, which result from the low volumes. In contrast, penetration for Italy, which has a relatively warm climate, exceeds 25 percent and is as high as 64 percent and 73 percent for the United Kingdom and Germany respectively. If Japan strengthened its residential building code, the larger production volumes of double windows and resin sashes would allow for scale economies and lower unit costs, ultimately benefiting consumers and lowering CO_2 emissions. For window and sash makers, a strengthened building code would create tremendous new demand.

Business opportunities

In addition to the new demand that could exist in Japan, there will likely be many more business opportunities overseas. McKinsey's analysis of global GHG abatement opportunities (see **figure 1**) shows that global potential to cut GHG emissions is roughly 38 gigatons of CO_2e through 2030. Since Japan's reduction potential for the same period is around only 300 megatons, over 99 percent of total reduction potential lies outside of Japan.

FIGURE 3: Electric vehicle component global market share
Percent, 2008; shipment by region

■ Japanese
□ Non-Japanese

	Battery¹	Inverter	DC/DC converter	Motor	Electric compressor
Market size JPY Billions	830	100	80	55	40
Non-Japanese	17	17	17	5	17
Japanese	83	83	83	95	83

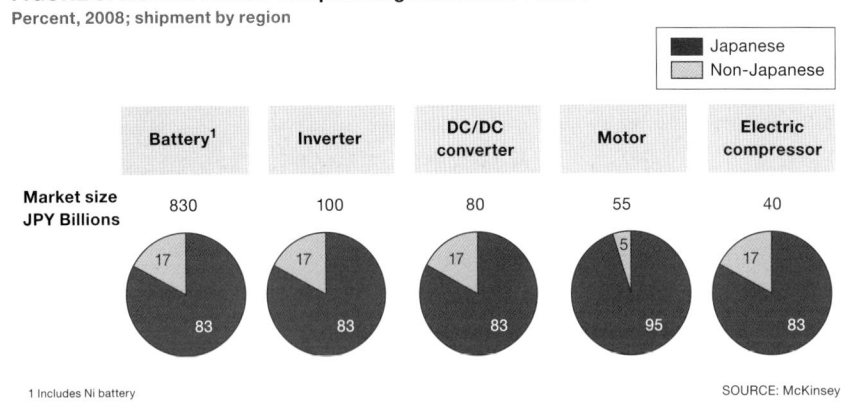

1 Includes Ni battery

SOURCE: McKinsey

FIGURE 4: "Clean tech" ventures in Silicon Valley – Examples

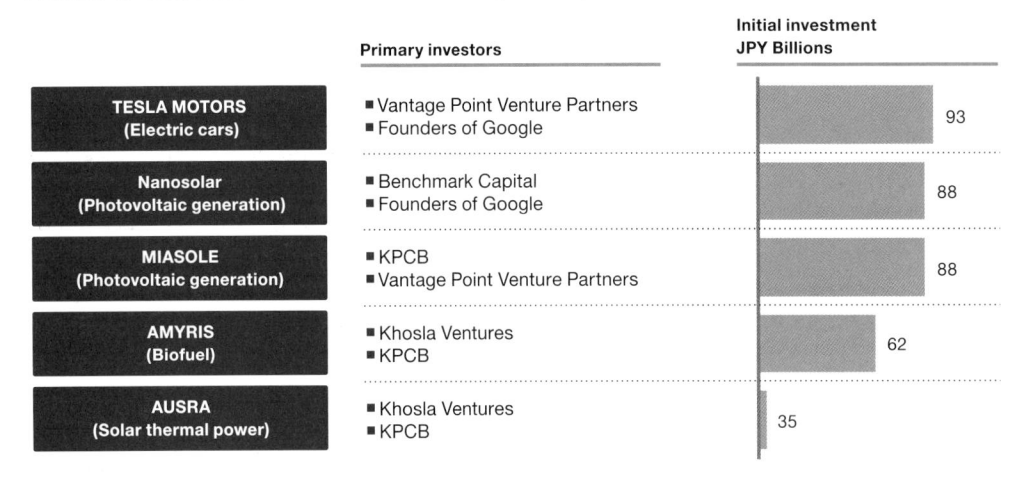

Company	Primary investors	Initial investment JPY Billions
TESLA MOTORS (Electric cars)	Vantage Point Venture Partners; Founders of Google	93
Nanosolar (Photovoltaic generation)	Benchmark Capital; Founders of Google	88
MIASOLE (Photovoltaic generation)	KPCB; Vantage Point Venture Partners	88
AMYRIS (Biofuel)	Khosla Ventures; KPCB	62
AUSRA (Solar thermal power)	Khosla Ventures; KPCB	35

The upside for businesses is that GHG reductions will create new business opportunities as investments are made in reduction measures. In fact, the investment required to achieve all the potential GHG reduction opportunities identified in our analysis amounts to 69.6 trillion yen per year in 2020 and 106.3 trillion yen in 2030, on top of investments in environment-related business that would happen anyway (see **figure 2**). This corresponds to 5 to 6 percent of total global investments in all sectors. And over 55 percent of the investment will be concentrated in three regions: China with an annual investment of 27.6 trillion yen per year from 2030, North America with 18.3 trillion yen, and Western Europe with 13.4 trillion yen.

The good news for Japan is that Japanese corporations have highly competitive technologies in the most capital-intensive industries, including automotive, solar, and CCS. And its competiveness in the secondary materials and equipment industries means that the country has the potential to lead the global clean tech revolution in these industries. Japan has highly competitive technologies, for example, in silicon, indium, gallium, and glass – all essential materials for producing solar panels.

But are Japanese corporations doing enough to capitalize on this potential? Are they taking the global lead?

In some sectors, such as the electrical power sector, Japanese corporations are distinctive global leaders. Toshiba and Hitachi stand out with their nuclear and CCS technologies. In 2006, Toshiba acquired Westinghouse and embarked on an aggressive global expansion. With Westinghouse, Toshiba has already won 10 new contracts for nuclear power station construction – two in China and eight in the US. Toshiba has announced that it aims to obtain a total of 39 nuclear power station construction contracts by 2015, with an expected revenue as high as 1 trillion yen. Hitachi, together with General Electric, has already won two contracts for nuclear power station construction in China, and is aiming for 300 million yen in revenue from its nuclear business by 2015.

Japan has also been prominent in the automotive sector. Japanese automakers enjoy a clear advantage in hybrid vehicle technology and they are distinctive in the electric vehicle space. Japanese players currently hold at least 80 percent of global share in the markets for automotive batteries, motors, and other important components for electric vehicles (see **figure 3**).

However, Chinese and South Korean companies continue to make impressive advances in technology and production costs, and command a marked cost advantage in procuring low-cost materials. They also benefit from financial support from their governments.

In some sectors, most notably solar, Japanese corporations have already lost market share. From 2001 to 2008, the global share of solar panel shipments from Japanese corporations fell over 20 percent. Over this same period, global production shot up 18-fold while Japanese production grew only 8-fold. In addition to facing a silicon shortage, Japanese companies missed critical investment timing and were left with insufficient capacity to keep up with global demand. Meanwhile, overseas competitors such as Q-cells (Germany), First Solar (US), Suntech (China), and Motech (Taiwan), captured market share with surprising speed thanks to well-timed investments and aggressive plans to capitalize on new regulations designed to reduce GHG emissions.

One company that timed investments well is Norway's Renewable Energy Corporation (REC), a maker of specialized solar cell-related Products. REC was founded in 1996 by physics experts as a private limited company. In 2002, REC established a joint venture with Advanced Silicon Materials (ASiMI), 75 percent-owned by Komatsu, to mass produce polysilicon for solar applications. In 2005, REC acquired ASiMI outright, raising its production capacity to Number Three globally. In 2006, the company went public, raising 7 billion euros in its initial public offering.

In Silicon Valley, venture capital firms are pouring billions of dollars into clean tech start-ups, banking that now is the time for such investments (see **figure 4**). In contrast, structural differences aside, Japanese venture capitalists have yet to invest significantly in clean tech.

Three levers for success

While the jury is still out on whether Japanese companies are doing enough, it is clear that overseas competition is intensifying. Our review of global success cases identifies three levers for Japan and Japanese companies to close the gap and lead the clean tech revolution:

1) Well-timed, sizable investment to achieve scale and beat global competition. Investment is crucial in fields such as lithium-ion batteries, electric vehicle parts, solar, steel, cement, and chemicals.

2) Overseas acquisition to expand market access. Especially in Europe and North America, acquisition is frequently used as a market access tool. Through acquisition, Japanese corporations could gain access to critical markets more rapidly than by organic growth alone and, by injecting their world-class technologies, could become highly competitive (and profitable) in these markets.

3) Collaboration between the private and public sectors to create fair incentives for industry growth and level the playing field with other countries. A clear and consistent direction from the government on the targets for domestic reduction and how Japanese business can achieve these targets would help reduce uncertainty and create an environment favorable to investment.

Japan has a real chance to be the global leader bringing clean tech solutions to the globe. Japanese companies maintain world-class technology and have professional management to lead. They have the opportunity to contribute dramatically to the fight against climate change. How well Japan and Japanese corporations respond to this opportunity will determine to what extent Japan leads the global clean-tech revolution in the post-Copenhagen world. ❶

***

http://www.mckinsey.com/clientservice/ccsi/

Books for Think!
「変革期の成長戦略」を実践するための7冊

「変革期の成長戦略」を実行するためには、まずはリーダーが骨太な戦略を構想し、その意思を社内に浸透させ、企業価値評価、事業再生、価格戦略などの方法論を組織の能力として身につけていかなければならない。「変革期の成長戦略」を先取りしている企業や経営者の事例は、その指針と具体的なノウハウを示してくれている。

企業価値評価 第4版「上」「下」
バリュエーション 価値創造の理論と実践

マッキンゼー・アンド・カンパニー／ティム・コラー／マーク・フーカート／デイビッド・ウェッセルズ（著）、本田桂子（監訳）、天野洋世／井上雅史／近藤将士／戸塚隆将（訳）
ダイヤモンド社／各3,990円

変革期、不況期は、経営者にとっては、M&Aによって有望な事業や企業を取り込む好機といえる。また、将来性のない不採算事業からの撤退を余儀なくされることもあるだろう。いずれの場合も、まずは対象となる事業や企業の価値を正しく把握する必要がある。さらに経営者は、自社や自社に取り込んだ事業の価値の最大化を目指さなければならない。

本書では、企業価値がなぜ重要か、企業価値をどう算定するのか、そして、価値をどう創造するのかが詳しく述べられている。いわば、「企業価値評価」の教科書であり、経営者を補佐する立場の投資や財務のプロフェッショナルにとっては必読の書といえる。

マッキンゼー 経営の本質
意思と仕組み

マービン・バウワー（著）、平野正雄（監訳）、村井章子（訳）
ダイヤモンド社／2,310円

マッキンゼーの「中興の祖」が書き残した企業経営論の古典的名著である。本書では、経営システムの基本的な構造や構築の方法が体系的に語られているが、その経営システムは決して無機的なものではない。つまり、初めに、明確な「経営の意思」がなければ企業は成立せず、その生きた「経営の意思」を組織内のすみずみまで伝達し、実現するために経営システムが必要なのだと、バウワーは唱えている。経営手法そのものは新しいテクニックであれ、古いやり方であれ、全体を貫く太い方針の下で運用されてこそ大きな効果が期待できる。大きな目標を掲げて計画的に経営された会社は、技術・社会・政治などの広範な変化に対応しやすいということも、バウワーは強調している。

マッキンゼー式 最強の成長戦略

パトリック・ヴィギュエリ／スヴェン・スミット／メルダッド・バグハイ（著）、斉藤裕一（訳）
エクスナレッジ／2,310円

企業の成長はどこから生まれるのか。本書の中心テーマは「グラニュラリティー」（粒度）である。多くの企業はビジネスチャンスを大雑把に捉え、「平均的」な見方にとらわれている。しかし、「今は中国が熱い」「高齢化がヘルスケアの需要拡大をもたらす」というような一般化は実は意味がない。企業は市場をグラニュラーに（細かい粒で）捉えて成長戦略を策定すべきであるという。すなわち、市場のセグメントとそのニーズ、そしてそれを満たすのに必要な能力をつぶさに理解し、事業と組織をより深いレベルまで掘り下げることから、成長のポケットが見えてくる。

成長への「野心」を固め、成長への「方向性」を選択し、成長への「アーキテクチャー」をデザインする。この3つのステップにおけるグラニュラーなアプローチの方法を示している。

ポストM&A リーダーの役割

デビッド・フビーニ／コリン・プライス／
マウリツィオ・ゾロ（著）
横山禎徳（監訳）、清川幸美（訳）
ファーストプレス／2,310円

　企業の合併・買収は平均すると、ほとんど凡庸な成果しか挙げていない。シナジー目標を達成したいという点では成功とされるはずの合併が、実際にはさまざまな形で会社を弱体化させ、長期的に見るとシナジーの利益を帳消しにすることもある。

　そのような「不健康な合併」になることを回避し、シナジーが過去の記憶になった後も成長を続ける健康な会社をつくるためにはどうしたらいいのか。本書は、「健康な合併」を実現するためにリーダーが取り組むべき5つの課題を提示している。実際のM&A事例の綿密な調査と、M&Aを経験した上級マネジャー約30人の経験と考察から、リーダーが果たすべき役割、リーダーシップのあり方が学べる。

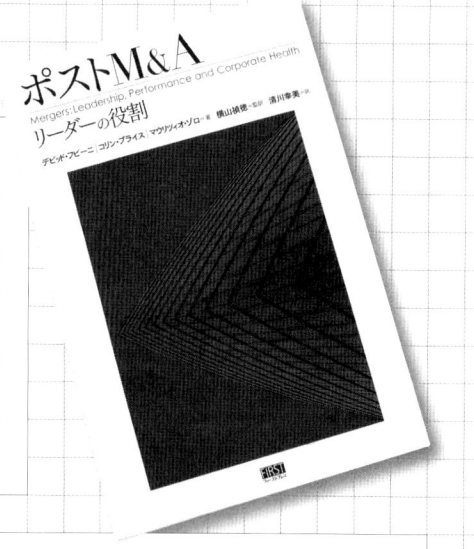

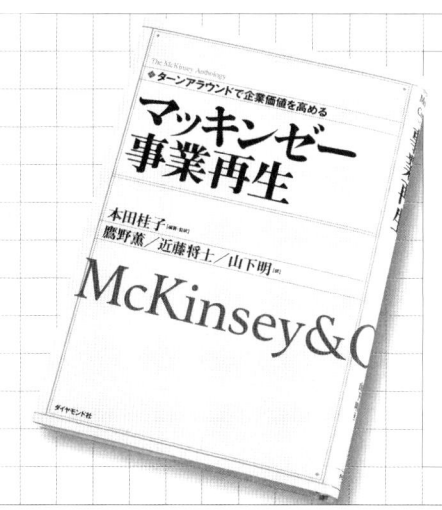

マッキンゼー 事業再生
ターンアラウンドで企業価値を高める

本田桂子（編著・監訳）
鷹野薫／近藤将士／山下明（訳）
ダイヤモンド社／2,100円

　事業再生とは何か。事業の立て直しとは具体的に何をすることなのか。また実際にそれを進めていく際に、経営の意思決定という観点で重要となるポイントは何か。

　本書では、その基本について確認した上で、サービス業の再生、銀行の再生、カジノ再建に見る顧客ロイヤルティ戦略、ハイテク業界の再編・淘汰などグローバルな事例も交えて、事業・企業価値を高める指針を示している。

　負債の処理や雇用問題などは制度や文化的な背景を考慮する必要があるが、グローバルでありながらローカルでもあり、古典的でありながら新しいというパラドックスを包含する事業再生は、日本再生という大きなテーマにもつながることがよくわかる。

マッキンゼー プライシング
体系的・科学的「価格創造」で価値を利益に転換する

山梨広一／菅原章（編著・監訳）
村井章子（訳）
ダイヤモンド社／2,100円

　価格破壊、デフレの経済環境が続き、全体の傾向として顧客は低価格を求めている。一方で、価格プレミアムを享受し、値下げを回避できているブランドや商品も多く存在している。価格が収益に与えるインパクトは大きく、より高い価格を取れる商品を開発、調達するという意思を持つことからイノベーションも生まれる。

　価格をいかにマネージするか。本書は、価格とそのマネジメントについて体系的、科学的に取り組むための基本的な考え方や具体的な手法を示している。顧客に提供する「価値」を把握し、それに見合った「価格」を創造する。日本企業が成長と収益拡大を両立させるためには、価格を創造する意思と能力の構築への取り組みが欠かせない。

戦略シフト

石倉洋子（著）
東洋経済新報社／2,520円

　21世紀という時代は、革命的な変化の時代であり、互いに相反するようなまったく新しい要件を企業に求めている。著者は「オープン化」「ORからANDへ」という2つのキーコンセプトを軸に、日本企業は今、何をすべきかの指針を示している。

　ICT（情報通信技術）の進歩は社会や企業にどのような変化をもたらしているか。変化の中で企業が長期的、持続的に収益を上げ続けるためにはどうしたらいいか。

　変革の主役となるのは企業である。グローバルとローカルを両立させるオープン・システムによって、これまで二律背反と思われてきた「OR」（たとえば「品質追求か、コスト削減か」）を「AND」（「品質追求も、コスト削減も」）に転換する戦略シフトを実現していけば、企業は新たな価値を創造できるというのが本書のメッセージだ。

Think!
バックナンバー・ラインアップのご案内

仕事力を鍛える。ビジネス・スキルが身につく。
Think!は、一流のコンサルタントや注目企業のトップから、
思考法、発想法が学べる実践的ビジネストレーニング誌です。

Think!
発行●四季刊（1・4・7・10月）
判型●A4判変型・平綴じ
定価●本体1800円＋税

年間予約購読は、はさみ込みのハガキ、または下記の東洋経済新報社オンラインからお申し込みいただけます。
https://www.toyokeizai.net/shop/magazine/think/

バックナンバー常設店

都道府県	市区	書店
北海道	札幌市中央区	紀伊國屋書店　札幌本店
		ジュンク堂書店　札幌店
宮城県	仙台市青葉区	丸善　仙台アエル店
埼玉県	さいたま市中央区	ブックデポ書楽
	さいたま市浦和区	須原屋　本店
	さいたま市南区	須原屋　武蔵浦和店
	川口市	文教堂書店　川口駅店
千葉県	千葉市中央区	三省堂書店　そごう千葉店
	習志野市	丸善　津田沼店
東京都	台東区	ブックエキスプレス　ディラ上野店
	中央区	ブックファースト　銀座コア店
		丸善　日本橋店
		八重洲ブックセンター　本店
	豊島区	ジュンク堂書店　池袋本店
		東京旭屋書店　池袋店
	新宿区	紀伊國屋書店　新宿本店
		ジュンク堂書店　新宿店
		ブックファースト　新宿店
		ブックファースト　ルミネ新宿1店
		芳林堂書店　高田馬場店
	千代田区	霞が関政府刊行物サービスセンター
		紀伊國屋書店　大手町ビル店
		啓文堂書店　神田駅前店
		三省堂書店　神保町本店
		三省堂書店　有楽町店
		書原　霞ヶ関店
		書泉グランデ
		書泉ブックタワー
		文教堂書店　市ヶ谷店
		文教堂書店　霞が関店
		丸善　お茶の水店
		丸善　丸の内本店
	港区	あおい書店　品川駅前店
		あおい書店　六本木店
		青山ブックセンター　六本木店
		青山ブックセンター　六本木ヒルズ店
		くまざわ書店　品川店
		書原　六本木店
		東京旭屋書店　ベルビー赤坂店
		虎ノ門書房　田町店
		ブックストア談　浜松町店
		丸善　溜池山王店
		リブロ　青山店
		流水書房　青山店
	品川区	あおい書店　五反田店
		ブックファースト　レミィ五反田店
		文星堂　ゲートシティ店
		有隣堂　アトレ目黒店
	大田区	くまざわ書店　グランデュオ蒲田店
		くまざわ書店　田園調布店
		有隣堂　グランデュオ蒲田店
	渋谷区	青山ブックセンター　本店
		紀伊國屋書店　渋谷店
		紀伊國屋書店　新宿南店
		啓文堂書店　渋谷店
		ブックファースト　渋谷文化村通り店
		文教堂書店　渋谷店
		有隣堂　アトレ恵比寿店
	世田谷区	紀伊國屋書店　玉川髙島屋店
	文京区	あゆみBooks　小石川店
	立川市	オリオン書房　ノルテ店
	武蔵野市	啓文堂書店　吉祥寺店
		ブックス・ルーエ
		リブロ　吉祥寺店
	多摩市	啓文堂書店　多摩センター店
	調布市	真光書店　本店
神奈川県	横浜市中区	有隣堂　本店書籍館
	横浜市西区	紀伊國屋書店　横浜店
		有隣堂　ルミネ横浜店
	横浜市港北区	天一書房　綱島店
		天一書房　日吉店
	横浜市青葉区	ブックファースト　青葉台店
	横浜市都筑区	ACADEMIA　港北店
	川崎市川崎区	あおい書店　川崎駅前店
		有隣堂　川崎BE店
		丸善　ラゾーナ川崎店
	川崎市麻生区	小田急ブックメイツ　新百合ヶ丘店
	厚木市	有隣堂　厚木店
石川県	金沢市	うつのみや　柿木畠本店
		明文堂書店　金沢県庁前店
愛知県	名古屋市中村区	三省堂書店　名古屋髙島屋店
		三省堂書店　名古屋テルミナ店
	名古屋市中区	丸善　名古屋栄店
京都府	京都市中京区	大垣書店　烏丸三条店
		ジュンク堂書店　京都BAL店
	京都市下京区	三省堂書店　京都駅店
		ジュンク堂書店　京都店
	京都市南区	アバンティブックセンター　京都店
大阪府	大阪市阿倍野区	喜久屋書店　阿倍野店
	大阪市北区	旭屋書店　本店
		紀伊國屋書店　梅田本店
		ジュンク堂書店　梅田店
		ジュンク堂書店　大阪本店
		ブックファースト　梅田店
	大阪市中央区	旭屋書店　なんばCITY店
		紀伊國屋書店　本町店
		ジュンク堂書店　天満橋店
		ジュンク堂書店　千日前店
		文教堂書店　淀屋橋店
	大阪市都島区	紀伊國屋書店　京橋店
	大阪市浪速区	ジュンク堂書店　難波店
兵庫県	神戸市中央区	ジュンク堂書店　三宮店
		ジュンク堂書店　三宮駅前店
	西宮市	ジュンク堂書店　西宮店
広島県	広島市南区	ジュンク堂書店　広島店
	安芸郡	フタバ図書　TERA店
福岡県	福岡市博多区	紀伊國屋書店　福岡本店
	福岡市中央区	ジュンク堂書店　福岡店
		丸善　福岡ビル店

2002 SPR. No.1
ビジネスの原点に戻る。

2004 WIN. No.8
思考法と、発想法。

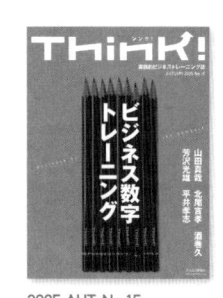

2005 AUT. No.15
ビジネス数字トレーニング

2007 SUM. No.22
デザイン思考力

2009 SPR. No.29
プロの地力

Back Number

2002 SUM. No.2 「理解」と「共感」を生む技術。	2002 AUT. No.3 戦略を問い直す	2003 WIN. No.4 プランニングの探求
2003 SPR. No.5 マーケティング・センスを磨く	2003 SUM. No.6 経営センスを高める	2003 AUT. No.7 ブランドをデザインする
2004 SPR. No.9 独習法	2004 SUM. No.10 今こそ、ビジネス心理学	2004 AUT. No.11 仮説思考トレーニング
2005 WIN. No.12 表現力を鍛える	2005 SPR. No.13 プロの仕事力	2005 SUM. No.14 使えるマーケティング
2006 WIN. No.16 仕事に活かすコンサル「力」	2006 SPR. No.17 超ロジカルシンキング	2006 SUM. No.18 ウェブ2.0時代の仕事力
2006 AUT. No.19 コンセプト力を鍛える	2007 WIN. No.20 戦略思考トレーニング	2007 SPR. No.21 キャリアアップ勉強法
2007 AUT. No.23 ビジネスプロフェッショナルの編集力	2008 WIN. No.24 地頭力トレーニング	2008 SPR. No.25 キャリアを高める勉強力
2008 SUM. No.26 インテリジェンス思考力	2008 AUT. No.27 「気づき」の技術	2009 WIN. No.28 コミュニケーションの法則
2009 SUM. No.30 インサイト&フォアサイト	2009 AUT. No.31 起死回生のアイデア発想法	2010 WIN. No.32 ビジネスリーダーは営業思考で強くなる

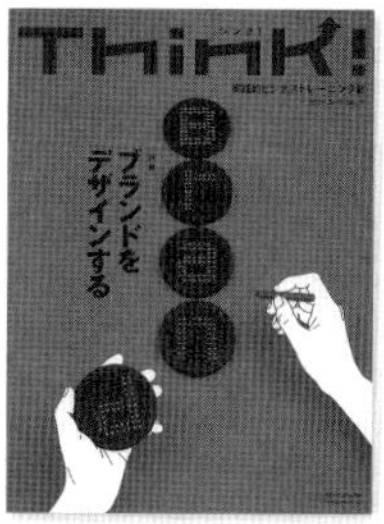

お問い合わせは：
東洋経済新報社 チャネルプロモーション部
☎ 03-3246-5467

Think! 別冊 No.3

変革期の成長戦略

トップファームに学ぶ
強い企業のフレームワークの
つくり方、活かし方

2010年4月29日発行

編者　Think! 別冊編集部
発行者　柴生田晴四
©TOYO KEIZAI 2010
掲載論文・記事の無断複製、無断転載を禁じます。

Printed in Japan ISBN978-4-492-83037-6
http://www.toyokeizai.net/

東洋経済新報社
〒103-8345 東京都中央区日本橋本石町 1-2-1
電話　東洋経済コールセンター 03-5605-7021
振替　00130-5-6518

印刷・製本　大日本印刷株式会社

編集後記　『Think!』別冊No.3は、マッキンゼー・アンド・カンパニーのエキスパートの皆さんにご寄稿いただいての「変革期の成長戦略」をお届けします。日本企業が足もとの不況を乗り越え、成長を続けていくためにはどうしたらいいか。新興国を中心とするグローバル市場に活路を見出すしかないとして、イノベーションを続けることができる新たなビジネスモデルをどのように構築していったらいいのか。まずは体質改善をして筋肉質な身体をつくる。そして、一流のアスリートとしてグローバル市場で記録を伸ばしていく。そんな強い企業になるためのフレームワークのつくり方、活かし方を、マッキンゼーが経験している事例から学べます。ビジネス・リーダーおよびその予備軍である読者の皆さんが、5年先、10年先、20年先を見据えて事業や組織の戦略を考える際の指針としてお役立ていただければ幸いです。

https://www.toyokeizai.co.jp/pub/chumon/teiki.html
年間予約購読は、はさみ込みのハガキ、または上記の東洋経済オンラインからお申し込みいただけます。

Design dig, inc.
Art Director: Tomohiko Matsumoto / Designers: Izumi Kishi, Kana Tokumasu